MARCO ITALIENISCHE RIVIERA

Reisen mit Insider-Tips
Diese Tips sind die ganz speziellen Empfehlungen unserer Autoren. Sie sind im Text gelb unterlegt.

Sechs Symbole sollen Ihnen die Orientierung in diesem Führer erleichtern:

für Marco Polo Tips – die besten in jeder Kategorie

für alle Objekte, bei denen Sie auch eine schöne Aussicht haben

für Plätze, wo Sie bestimmt viele Einheimische treffen

für Treffpunkte für junge Leute

(A 1)
Koordinaten für die Übersichtskarte

Die Marco Polo Route in der Karte verbindet die schönsten Punkte der Italienischen Riviera zu einer Idealtour

*Diesen Führer schrieb Rainer Stiller.
Er kennt Italien und die Riviera von vielen ausgedehnten Aufenthalten als Reisejournalist.
Die Marco Polo Reihe wird herausgegeben von Ferdinand Ranft.*

MAIRS GEOGRAPHISCHER VERLAG

MARCO 🌐 POLO

Für Ihre nächste Reise gibt es folgende Titel dieser Reihe:

Ägypten • Alaska • Algarve • Allgäu • Amrum/Föhr • Amsterdam • Andalusien • Antarktis • Argentinien/Buenos Aires • Athen • Australien • Bahamas • Bali/Lombok • Baltikum • Bangkok • Barcelona • Bayerischer Wald • Berlin • Berner Oberland • Bodensee • Bornholm • Brasilien/Rio • Bretagne • Brüssel • Budapest • Bulgarien • Burgenland • Burgund • Capri • Chiemgau/Berchtesgaden • China • Costa Brava • Costa del Sol/Granada • Costa Rica • Côte d'Azur • Dänemark • Disneyland Paris • Dolomiten • Dominik. Republik • Dresden • Dubai/Emirate/Oman • Düsseldorf • Eifel • Elba • Elsaß • England • Erzgebirge/Vogtland • Feuerland/Patagonien • Finnland • Flandern • Florenz • Florida • Franken • Frankfurt • Frankreich • Frz. Atlantikküste • Fuerteventura • Galicien/Nordwest-Spanien • Gardasee • Gran Canaria • Griechenland • Griech. Inseln/Ägäis • Hamburg • Harz • Hawaii • Heidelberg • Holland • Hongkong • Ibiza/Formentera • Indien • Ionische Inseln • Irland • Ischia • Island • Israel • Istanbul • Istrien • Italien • Italien Nord • Italien Süd • Ital. Adria • Ital. Riviera • Jamaica • Japan • Java/Sumatra • Jemen • Jerusalem • Jordanien • Kalifornien • Kanada • Kanada Ost • Kanada West • Karibik: Große Antillen • Karibik: Kleine Antillen • Kärnten • Kenia • Köln • Kopenhagen • Korsika • Kreta • Krim/Schwarzmeerküste • Kuba • Lanzarote • La Palma • Leipzig • Libanon • Lissabon • Lofoten • Loire-Tal • London • Luxemburg • Madagaskar • Madeira • Madrid • Mailand/Lombardei • Malediven • Mallorca • Malta • Mark Brandenburg • Marokko • Masurische Seen • Mauritius • Mecklenburger Seenplatte • Menorca • Mexiko • Mosel • Moskau • München • Namibia • Nepal • Neuseeland • New York • Normandie • Norwegen • Oberbayern • Oberital. Seen • Oberschwaben • Österreich • Ostfries. Inseln • Ostseeküste: Mecklbg.-Vorp. • Ostseeküste: Schlesw.-Holst. • Paris • Peking • Peloponnes • Pfalz • Polen • Portugal • Potsdam • Prag • Provence • Rhodos • Rom • Rügen • Rumänien • Rußland • Salzburg/Salzkammergut • San Francisco • Sardinien • Schottland • Schwarzwald • Schweden • Schweiz • Seychellen • Singapur • Sizilien • Slowakei • Spanien • Spreewald/Lausitz • Sri Lanka • Steiermark • St. Petersburg • Südafrika • Südamerika • Südengland • Südkorea • Südsee • Südtirol • Sylt • Syrien • Taiwan • Teneriffa • Tessin • Thailand • Thüringen • Tirol • Tokio • Toskana • Tschechien • Tunesien • Türkei • Türk. Mittelmeerküste • Umbrien • Ungarn • USA • USA: Neuengland • USA Ost • USA Südstaaten • USA West • Usedom • Venedig • Vietnam • Wales • Die Wartburg/Eisenach und Umgebung • Weimar • Wien • Zürich • Zypern • Die 30 tollsten Ziele in Europa • Die tollsten Hotels in Deutschland • Die tollsten Restaurants in Deutschland

Die Marco Polo Redaktion freut sich, wenn Sie ihr schreiben:
Marco Polo Redaktion, Mairs Geographischer Verlag
Postfach 31 51, D-73751 Ostfildern

Unsere Autoren haben nach bestem Wissen recherchiert. Trotzdem schleichen sich manchmal Fehler ein, für die der Verlag keine Haftung übernehmen kann.
Titelbild: Portofino, Hafen (Transglobe: Ventura)
Fotos: Mauritius: Hackenberg (36), Krautwurst (56), Thonig (14), Torino (76, 85); Schapowalow: Cora (18, 21, 24, 45, 51, 55, 83), Heaton (22), Mader (59), Reichelt (47), v. Stroheim (Anreise), Thiele (63); Thomas (4, 7, 17, 26, 28, 30, 32, 34, 42, 71, 79, 88); Touristik-Marketing GmbH (11, 72, 80, 91); Transglobe: Allgower (68), Hackenberg (49, 87), Scheler (78)

3., aktualisierte Auflage 1996
© Mairs Geographischer Verlag, Ostfildern
Lektorat: Christiane Thielmann
Gestaltung: Thienhaus/Wippermann (Büro Hamburg)
Kartographie: Mairs Geographischer Verlag
Sprachführer: in Zusammenarbeit mit Ernst Klett Verlag für Wissen und Bildung GmbH, Redaktion PONS Wörterbücher
Das Werk einschließlich aller seiner Teile ist urheberrechtlich geschützt. Jede urheberrechtsrelevante Verwertung ist ohne Zustimmung des Verlages unzulässig und strafbar. Das gilt insbesondere für Vervielfältigungen, Übersetzungen, Nachahmungen, Mikroverfilmungen und die Einspeicherung und Verarbeitung in elektronischen Systemen.

Printed in Germany
Gedruckt auf 100% chlorfreiem Papier

INHALT

Auftakt: Entdecken Sie die Italienische Riviera! 5
Ligurien muß mit lauter Vorurteilen leben. Lassen Sie sich nicht verunsichern: Der Küstenstrich am Mittelmeer ist und bleibt ein reizvolles Reiseziel

Geschichtstabelle 8

Stichworte: Vom Regenbogen bis zur Via Aurelia 15
Handel und Wandel – das ist in Ligurien eine jahrhundertealte Wahrheit und nicht nur ein sprichwörtlicher Reim. Auch wenn Dichter und Feingeister zu den Liebhabern der Italienischen Riviera gehören

Essen & Trinken: Speisen ist ein schnörkelloser Genuß 23
Kräuter kitzeln die Nase, Frische fördert die Gesundheit, und der Fisch schmeichelt der Figur

Einkaufen & Souvenirs: Handarbeit ist Spitze 27
Neben vielerlei für Küche und Kochtopf kann der Reisende vor allem eines mit nach Hause nehmen: sorgfältige Arbeiten von Kunsthandwerkern

Riviera-Kalender: ... und die Kirche feiert kräftig mit 31
Die meisten Festtage ballen sich zu Ostern für die Christen und im Sommer für die Touristen

Riviera di Ponente: Im Land der Blumen und Palmen 35
An der Badeküste zwischen Varazze und Ventimiglia gibt es die schönsten Strände – aber auch die mondänsten und teuersten Städte

Riviera di Levante: An der Küste der schroffen Felsen 57
In den Buchten zwischen Recco und Lérici gibt es die schönsten Yachthäfen – nur Badestrände gibt es kaum

Genua: Sie nennt sich mit Recht die Stolze 73
Es gibt manchen Grund, die von Riviera-Reisenden meist geschmähte Metropole Liguriens doch einmal zu besuchen

Praktische Hinweise: Von Auskunft bis Zoll 86

Warnung: Bloß nicht! 93

Register 95

Was bekomme ich für mein Geld? 96

Sprachführer Italienisch: Sprechen und Verstehen ganz einfach 97

AUFTAKT

Entdecken Sie die Italienische Riviera!

Ligurien muß mit lauter Vorurteilen leben. Lassen Sie sich nicht verunsichern: Der Küstenstrich am Mittelmeer ist und bleibt ein reizvolles Reiseziel

Wie sie ihre Tinte verspritzten, die Schreiberlinge vornehmlich der Boulevardzeitungen und Sensationsmagazine! Im nördlichen Mittelmeer, genau vor den Badestränden der ligurischen Küste war gerade rechtzeitig zur Saison '91 wieder ein Riesentanker leckgeschlagen. Tonnen von Schweröl flossen ins Wasser – und das Urlaubsgebiet zwischen Ventimiglia an der französischen Grenze und La Spezia zur Toskana hin stand einmal mehr unter journalistischem Dauerbeschuß: »Riviera – die blaue Küste liegt jetzt am schwarzen Meer.« Oder: »Öl schwappt an die Strände der Reichen und der Schönen.«

Die Miesmacher sitzen am ohnehin verdreckten Hafen von Genua und formulieren Schimpf und Schande gleich für das ganze Ligurien: Baden gesundheitsgefährdend! (Aber, Hand aufs Herz: Wer würde schon per Kopfsprung in das Hafenwasser von Hamburg, Liverpool oder Marseille tauchen? Warum also sollte man dies ausgerechnet in Genua tun?)

Die Wasserverschmutzung entlang der italienischen Küsten – da macht Ligurien keine Ausnahme – ist ein Dauerthema. Und da will dieser Führer auch nichts beschönigen. Zu viele Jahrzehnte haben die Italiener mit großer Leichtfertigkeit ihr gestörtes Verhältnis zum Umweltschutz gepflegt. Es gab sie, die großen Hotels, die in Sichtweite von ihrem eigenen Badestrand ihre Abwässer ungeklärt ins Meer pumpten.

Allerdings hat das Umdenken auch in Italien längst begonnen. Die *protezione ecologica*, also der Umweltschutz, ist schon Programm. In der Tat hat sich die Wasserqualität in den letzten Jahren merklich verbessert. Wie die Analysen des italienischen Umweltministeriums und der Lega Ambiente, der Grünen Italiens, für die Saison '95 belegt haben, kann man unbedenklich (bis auf Genua) in die ligurischen Fluten steigen.

Derzeit macht etwas ganz an-

Strandleben à la Riviera

deres Schlagzeilen: Einige Bürgermeister haben es sich in den Kopf gesetzt, der Riviera ihren Appeal von mondäner Beschaulichkeit und Eleganz zurückzuerobern. Im autofreien Portofino darf man nicht mehr Fahrrad fahren, in Ventimiglia darf man es nicht einmal mehr an eine Hauswand lehnen. Ballspiele sind an vielen Stränden verboten, Rucksacktouristen sowieso verpönt. Den grotesken Höhepunkt der ästhetischen Säuberungsaktion hat der Bürgermeister von Diano Marina erreicht, der nur schönen Frauen das Sonnenbaden oben ohne gestatten will. Doch Scherz beiseite: Kaum etwas kann Liguriens Lage, Küche und wunderbares Klima vermiesen.

Riviera — das ist erst einmal wörtlich aus dem Italienischen übersetzt »das Gestade«. Tatsächlich gehört der erste und mächtige Eindruck der Küste oder dem Ufer. Und dabei ist es gleichgültig, ob man wie die alten Kauffahrer übers Meer kommt oder wie der deutsche Dichter Hermann Hesse vom Land nördlich von La Spezia:

»Das fernste Schiff, das abendlich besonnt/Mit schwarzen Masten fährt am Horizont,/Das meinen Blick mit starkem Zauber hält/Am Rande einer unsichtbaren Welt./Mir träumt, sein Steuer läge in der Hand/Des göttlichen Odysseus, der sein Land/Durch aller Meere schreckenvolle Flucht/Mit namenlosem Heimweh liebt und sucht...«

Tatsächlich soll schon der heldenhafte Odysseus auf seiner kräftezehrenden Seereise durch die damals bekannte Welt auch am »Gestade« der heutigen Italienischen Riviera gestrandet sein. Und ein zweiter sagenhafter Held der griechischen Mythologie soll hier ein Scharmützel gehabt haben. Dem Muskelpaket Herkules, auf dem Weg von den Gärten der Hesperiden im fernen Westen zurück ins ebenso entfernte Hellas, stellten sich die Ligurer in den Weg, von deren Rauflustigkeit schon Hesiod geschrieben hatte. Die Ligurer konnten den antiken Rambo, nach dem sie gleichwohl ihre Küstenstraße einige Zeit Via Heraclea nannten, nicht aufhalten und mußten sich unter den Nachbarn neue Gegner aussuchen.

Die Rauflustigkeit der frühen Jahre sorgte dafür, daß sich bis heute ein Vorurteil hält: Ligurer seien streitbar, wenn nicht sogar streitlustig. Ein anderes Vorurteil: Ligurer seien geizig wie die Schotten. Beides stimmt nicht! Denn Sparsamkeit, mit der die Menschen an der Italienischen Riviera zu leben gelernt haben, ist noch kein Geiz. Und der Wunsch nach selbstbewußter Eigenständigkeit, die man hier über alle Herrschaftszeiten bewahrt hat, muß keine Streitsucht sein.

Wahr ist: Die Ligurer haben ihren eigenen Kopf, und sie gefallen sich nicht zu leicht in weinseliger Verbrüderung wie die Menschen in südlicheren Gegenden Italiens. Auf manche Reisende wirkt die ligurische Zurückhaltung wie Verschlossenheit. Enzo Bernardini, in Genua lebender Chronist der Region, erzählt: »Die Natur in dieser Region, die schon als Schmuck des Weltalls und malerischster Meeresstreifen, dessen sich Europa

AUFTAKT

Manarola, gebaut auf einem Felsen

rühmen kann, bezeichnet wurde, hat bereits in vergangenen Zeiten das Dasein seiner Bewohner beeinflußt und differenziert: Am fortgeschrittensten und kontaktfreudigsten sind die Küstenbewohner, während die in den Tälern und auf den Erhebungen des Hinterlandes eingeschlossenen Bewohner eher stur und konservativ sind.« Die Abkapselung ist nicht zuletzt in der ligurischen Kulturgeschichte abzulesen. Und dort besonders in der durchaus eigenständigen Entwicklung einer ligurischen Sprache, die heute noch in Heimatvereinen gepflegt, aber meist nur noch von den Alten gesprochen wird.

Besonders im umgangssprachlichen Gebrauch von Städtenamen klingt noch der antike Genueser Dialekt an, der einst an den Rändern der Riviera Ponente mit provenzalischen und im Osten der Riviera Levante mit toskanischen Einflüssen vermischt war: Wer genau hinhört, kann feststellen, daß bei städtischen Eigennamen wie in alten Zeiten Konsonanten wie r, t, d oder v einfach verschluckt werden: Savona wird dann zu Sana, Varazze zu Vase, Genua zu Zena.

Nun ist es aber an der Zeit, das Land dieser Ligurer einzugrenzen. Denn Ligurien ist ja nicht nur der schmale Küstenstreifen mit den Sand- beziehungsweise Kiesstränden an der westlichen (Ponente) und östlichen (Levante) Riviera. Ligurien reicht noch hinauf bis in die südlichen Gipfel der Seealpen und des nördlichen Apennin, dem Gebirgsrücken, der fast ganz Italien durchzieht. Die ligurische Grenze durch die Bergwelt verläuft in vielen Zakken und Ausbuchtungen. Ihre Entfernung zu anderen oberitalienischen Großstädten beträgt ungefähr 140 km (Turin), 135 km (Mailand) und 85 km (Parma). Die Region Ligurien ist 5415 km^2 groß und hat etwa 1,85 Mio. Einwohner. Sie ist in vier Provinzen eingeteilt, die ihren Namen nach den jeweiligen Hauptstädten haben: Genua mit 67 Gemeinden und allein über einer Mio. Einwohnern, Imperia mit ebenfalls 67 Gemeinden und nur 230 000 Einwohnern, La Spezia mit 32 Gemeinden und 245 000 Einwohnern sowie Savona mit immerhin 69 Gemeinden, aber gerade mal 300 000 Einwohnern. Die zum Teil äußerst geringe Bevölkerungsdichte (in der Provinz Imperia, zu der ja immerhin auch ein paar gut besiedelte Küstenorte mit Fremdenverkehr gehören, leben beispielsweise nur 199 Menschen auf einem Quadratkilometer) hat selbstverständlich etwas mit dem bergigen Hinterland zu tun.

Geschichtstabelle

Um 180 000 v. Chr.
An der Westküste Liguriens in den Höhlen der Balzi Rossi bei Ventimiglia tauchen die ersten Höhlenmenschen auf

Um 600
Untereinander verfeindete Ligurer-Stämme im Landesinneren werden von heranrückenden Galliern und Etruskern aufgerieben. Nur direkt an der Küste, geschützt von schroffen Felsen, können sich Ligurer halten. Sie machen Antium, das heutige Genua, zum Hauptort ihrer Region

264–241
Im Ersten Punischen Krieg zwischen Karthago und Rom kommt es auch zu Kämpfen zwischen Ligurern und Römern, was für lange Zeit zu gegenseitiger Abneigung führt

241
Aurelius Cotta, römischer Zensor, befiehlt den Bau einer Heerstraße, die zunächst von Rom nach Pisa führen soll. Die Via Aurelia wurde zur längsten und schönsten Straße des römischen Imperiums. Heute verbindet ihr ligurischer Teil die Côte d'Azur in Südfrankreich mit der Toskana in Italien

218–201
Die Ligurer, mit Ausnahme der Genueser, die ein Handelsbündnis mit Rom haben, schließen sich Hannibals Karthager-Truppen an, die mit ihren Elefanten die Alpen überquert haben

200–191
Die Römer unterwerfen Ligurien und machen aus Oberitalien die Provinz Gallia Cisalpina

58–51
Als Statthalter von Gallia Cisalpina macht Caesar Portovenere zum Kriegshafen für seinen Feldzug gegen die Gallier

27
Augustus ordnet das italienische Staatsgebiet neu und macht Ligurien zur neunten Provinz im Land

641 n. Chr.
Langobardenkönig Rothari erobert Genua und macht Ligurien zu seiner Provinz

773–774
Karl der Große erobert das Langobardenreich und damit auch Ligurien, das sich wegen seiner entlegenen Lage bald zunehmender Selbständigkeit erfreut

Ab 850
Die auf Korsika sitzenden und aus dem heutigen Tunesien stammenden Sarazenen machen wiederholt Piratenüberfälle auf Ligurien

1016
Genua kann die Sarazenen endgültig von der ligurischen Küste vertreiben

Ab 1096
Genua baut seine Wirtschaftsmacht aus, weil es mit einer bewaffneten Handelsflotte an den Kreuzzügen ins Heilige

AUFTAKT

Land teilnimmt. Gegen den Widerstand anderer Städte wie Ventimiglia oder Savona wächst der Einfluß Genuas auf ganz Ligurien

1162
Genua erhält von Kaiser Friedrich Barbarossa die Unabhängigkeit und unterwirft das ganze östliche Ligurien

1284
Genua schlägt Pisa in der Seeschlacht von Meloria bei Livorno vernichtend, gewinnt für ein gutes Jahrhundert die Alleinherrschaft über das Tyrrhenische Meer und wird zum stärksten Handelskonkurrenten des blühenden Venedig

1339
Erster Doge von Genua auf Lebenszeit: Simone Boccanegra

1380
Es kommt zum Kampf zwischen Venedig und Genua bei Chioggia. Venedig trotzt Genua den Turiner Frieden ab, wonach Genuas Einfluß klar auf das westliche Mittelmeer beschränkt bleibt

1492
Der in Genua geborene Kapitän Christoph Kolumbus entdeckt Amerika für Spanien

1522
Die unabhängige Republik Genua entsteht

1528
Andrea Doria, der größte Doge Genuas, verteidigt die Unabhängigkeit der Stadt und gibt ihr eine neue Verfassung. Doria wird erst Politiker, als er auf dem Meer seine Klasse als Flottenkapitän bewiesen hat. Im Auftrag des Papstes besiegt er 1526 bei Piombino die gefürchtete Flotte von Sinan, dem Hebräer. Seitdem gibt es bei Muselmanen ein geflügeltes Grußwort: »Allah schütze dich vor den Galeeren des Doria!«

1547
Eine Verschwörung gegen Andrea Doria scheitert. Der 1468 geborene Politiker wird biblische 92 Jahre alt und gilt bis heute als bedeutendste Persönlichkeit Genuas

1746
Österreich, immer wieder auf der Suche nach einem Zugang zum Meer, besetzt Genua

1768
Genua verkauft die Insel Korsika an Frankreich

1797
Die Republik Ligurien wird mit Genua als Hauptstadt gegründet

1814/15
Der Wiener Kongreß schanzt Genua dem Königreich Sardinien zu

1861
Viktor Emanuel II. eint das Land und nimmt den Titel König von Italien an

1946
Nach Italiens Kapitulation und Mussolinis Abdankung verzichtet Viktor Emanuel III. auf den Königstitel. Das Volk Italiens entscheidet sich mehrheitlich für die Staatsform Republik

Denn politisch reicht Ligurien an manchen Stellen doch weit über die alpine und apenninische Wasserscheide hinaus, die die Region geographisch von den Nachbarregionen Piemont, Emilia-Romagna und der Toskana trennt. Daher ergibt sich auch der Höhenunterschied an der Italienischen Riviera. Das Land reicht von null, also Meeresspiegelhöhe, bis über 1500 m hinauf. Insgesamt liegen 69 Prozent des ligurischen Gebiets auf über 1000 m Höhe; 30 Prozent bestehen aus Hügeln; und lediglich ein Prozent der Region, die die meisten Reisenden nur als Strandregion kennen, ist Flachland. Die beiden wichtigsten Flüsse Liguriens sind gleichsam die Regionsbegrenzungen: Die Roia fließt an der französischen Grenze im Westen, die Magra, was wörtlich übersetzt Niedrigwasser heißt, am östlichen Rand zur Toskana hin. Natürliche Seen gibt es in der ligurischen Bergwelt nur wenige. Die beiden bekanntesten künstlich angelegten Stauseen befinden sich in Colle Melosa bei Pigna nördlich von Imperia und in Brugnato bei Torriglia nordöstlich von Genua.

Vorgelagerte Inseln im Meer findet man nur wenige. Ein paar kleine liegen zwischen Savona und Alássio, zum Beispiel die alte Klosterinsel Gallinara, und vor der Landzunge von Portovenere südlich von La Spezia zum Beispiel das für seine »Blaue Grotte« bekannte Palmaria.

Die einzige wirkliche Halbinsel der ganzen Region befindet sich südlich von Camogli und Rapallo. Zur Hälfte ist sie ein ausgewiesenes Naturschutzgebiet. Außerdem befinden sich dort mit der malerischen Bucht von Portofino und mit Santa Margherita Ligure zwei der schönsten Marinas der an Häfen nicht gerade armen Italienischen Riviera. Gerade hier am zu Unrecht als Vorzimmer Genuas verrufenen Stück Liguriens kann man außerhalb der Hauptreise-Saison in den Sommermonaten hervorragend urlauben.

Wir sitzen im *Il Frantoio*, einem der besten Restaurants Santa Margheritas und der ganzen Gegend. *Il Frantoio* heißt Ölmühle. Viele Gasthäuser Liguriens nennen sich so wegen der Tradition, nur mit den eigenen Olivenölen (Kenner schwören: den besten der Welt) zu kochen. Das *Frantoio* an der versteckt liegenden *Via Giunchetto* in Santa Margherita ist tatsächlich in einer alten Ölmühle untergebracht. Patron ist Gino Celletti, ein gastronomischer Autodidakt, der vor einer Handvoll Jahren noch als Manager im grauen Flanell in Genua arbeitete. Er setzt sich zu uns und spricht gleich von den Vorurteilen, mit denen die Wirte in Ligurien leben müssen. »Sehen Sie«, beginnt Gino Celletti, »es hält sich hartnäckig das Gerücht, daß wir einfach und dafür viel zu teuer kochen.« Aus der Küche, deren Brigade Samir Saad befehligt, kommt wie zum Gegenbeweis *granchio con asparagi e nocciole*, das ausgelöste Krebsfleisch mit Spargel und Nüssen. Ein Gedicht! Das Kompliment bringt ein Strahlen auf Cellettis Gesicht. »Viele von uns kochen noch so, wie sie es von ihrer Mutter gelernt haben«, sagt der Ölmühlen-Wirt nicht ohne Stolz, »und die hat es von ihrer Mutter, die wie-

AUFTAKT

derum bei ihrer Mutter in den Topf geschaut hat.« Das nennt man in Ligurien *cucina casalinga* und bedeutet soviel wie Hausmannskost. Ein wunderbares Wort, wenn es wie im *Frantoio* ernst genommen wird. »Nur die elenden Tester, die ihre Sterne vergeben müssen, können damit nichts anfangen«, mault Gino Celletti. Nicht alle, wenden wir ein! Denn Luigi Veronelli, der italienische Freß-Papst, ist in seinem Führer (zu Recht) voll des Lobes. Er beschreibt sogar, wie er auf dieses ligurische Kleinod, in dem man inzwischen ohne Vorbestellung keinen Platz mehr bekommt, aufmerksam wurde – nämlich durch einen Brief von Gino Celletti persönlich. Er schrieb im Juni 1988: »Vor vier Monaten habe ich das Restaurant gekauft, und damit ist ein alter Traum in Erfüllung gegangen, viele Freunde/Gäste empfangen zu können, denen ich in einfacher Umgebung Speisen, Wein und Grappa bieten kann. Ich bin kein professioneller Gastronom und möchte auch keiner werden. Ich betrachte mich selber als Gast.« Wir Gast-Freunde laden den Gastgeber nun nach dem wunderbaren *branzino al forno*, dem gebackenen Wolfsbarsch mit Kartoffeln und Oliven, und einer sinnlichen *bavarese alla menta*, der Bayerisch-Creme mit Minze, zu einer Grappa ein. Gino Celletti bringt eine zweite mit der Rechnung. Die ist nicht eben niedrig, aber angemessen. Womit wir beim allgemeinen Preis-Leistungs-Verhältnis von Liguriens Gasthäusern angekommen sind. Es ist nur dort nicht in Ordnung, wo die Touristen selber – hauptsächlich die Engländer und Deutschen – dafür gesorgt haben. Viele der Schnell-Abfütterungs-Trattorien an den Strandpromenaden verlangen unverschämt viel Geld für unverschämte Ware. Und sie bekommen es. Wie auch die

Kontrastvoller Wechsel zwischen Meer und Land

Touristen ihre aus der Heimat bekannten Standardgerichte bekommen. Wem zu Liguriens Küche nichts Besseres einfällt als Spaghetti Bolognese oder Pizza Margherita, der hat es wohl auch nicht anders verdient. Was dieser Reisende versäumt, davon wird an anderer Stelle noch ausführlich zu reden sein. Denn gegen alle Vorurteile: Ligurien ist schon allein wegen des Essens und Trinkens eine Reise wert. Gino Celletti hatte die Lust auf Ligurisches und vor allem die Höflichkeit des Einheimischen beim Handschlag in der Tür seiner Ölmühle auf den Punkt gebracht: »La ringrazio molto e spero di rivederla presto.« Der Dank war eher auf unserer Seite; und selbstverständlich würden wir schon bald wieder im *Il Frantoio* vorbeischmecken.

Die Frage, ob man seine Ligurien-Rundreise in Santa Margherita beginnt oder beendet, ist sicher Geschmackssache. Die meisten Reisenden kommen ohnehin über das nur 30 km entfernte Genua auf den *arcobaleno*, den Regenbogen, wie die ligurischen Fremdenverkehrsmanager ihr Land gern nennen. Durch Genua *la Superba*, also die erhabene Stadt, wird die Italienische Riviera auf fast natürliche Art und Weise in zwei Gebiete geteilt. Die Teilung übernimmt auch dieser Führer.

Der westliche Teil des Regenbogens von Genua bis Ventimiglia, dem Ort an der französisch-italienischen Grenze, heißt *Riviera di Ponente*. Hier, an der auch Blumen- oder Palmenriviera genannten Küste, nahm der Tourismus auf dem italienischen Festland vor über hundert Jahren seinen Anfang. Engländer waren die ersten, die das milde Klima und die herrliche Pflanzenwelt zu schätzen wußten. Ein Engländer, Sir Thomas Hanbury, war es denn auch, der in La Mortola einen der schönsten und reichsten Gärten des Landes anlegen ließ. Der Giardino Hanbury in der Nähe der Grotten der Balzi Rossi, in denen Funde aus prähistorischer Zeit Zeugnis davon ablegen, daß es schon »unter den ersten Menschen »Ligurer« gab, gilt vielen sogar als »größte Sehenswürdigkeit der oberitalienischen Lustlandschaften«, wie es in einem alten Baedeker steht.

Der östliche Teil des Regenbogens heißt *Riviera di Levante*. Er erstreckt sich von Genua bis hinunter nach La Spezia, Lerici und Sarzana. Neben der bereits erwähnten Halbinsel von Portofino ragt im wahrsten Sinn des Wortes die aus dem Felsen gehauene Welt der Cinqueterre als sehenswert aus dem Meer heraus.

Die fünf Dörfer der Cinqueterre, Monterosso, Vernazza, Corniglia, Manarola und Riomaggiore, verbindet nur eine Bahnlinie. Mit dem Auto kann man sie nur über Stichstraßen erreichen, was die malerische Kulisse der zauberhaften Dörfer erhält, aber für die autonärrischen Italiener fast eine Zumutung ist. Dort, wo Cinqueterre ist, macht die gut ausgebaute Küstenstraße, die *Via Aurelia* heißt, einen Bogen ins Land hinein. Auf ihr erlebt der Autofahrer Ligurien hautnäher als auf der fast parallel verlaufenden Autobahn. Außerdem ist es nicht jedermanns Sache, durch die vielen Tunnel und über die genauso

AUFTAKT

Die Marco Polo Bitte

Marco Polo war der erste Weltreisende. Er reiste in friedlicher Absicht, verband Ost und West. Er wollte die Welt entdecken, fremde Kulturen kennenlernen, nicht zerstören. Könnte er für uns Reisende des 20. Jahrhunderts nicht Vorbild sein? Aufgeschlossen und friedlich sollte unsere Haltung auf Reisen sein. Dazu gehören auch Respekt vor Mensch und Tier und die Bewahrung der Umwelt.

WWF

zahlreichen Viadukte der Autobahn mit rasenden italienischen Lastwagenfahrern um die Wette zu kacheln. Allerdings: Sie fahren sehr sicher, denn heil ankommen wollen sie auch. Einen Hinweis darauf gibt ein Sprichwort, das sich manche Kapitäne der Landstraße sogar auf die Karosserie spritzen lassen: »donne e motori, gioie e dolori«, was (nicht so poetisch) ins Deutsche übertragen heißt: »Frauen und Maschinen, Freuden und Schmerzen!«

Überhaupt die Frauen! Wie überall in Italien werden sie glühend verehrt – und heiß begehrt. Und manch einer der im Sommer nicht eben wenigen Papagalli, der berufsmäßigen Schwerenöter und Faulenzer am Strand, verwechselt die gute Laune einer Touristin schon mit einem eindeutigen Angebot und verdreht Verdis schmelzende »Rigoletto«-Arie für seine Zwecke: »La donna è mobile qual piuma vento – Leicht beweglich ist die Frau, wie eine Feder im Wind.« Es ist ratsam für die Reisende, an Stränden und in Straßen keine Zweifel darüber aufkommen zu lassen, daß sie nicht zu den Flatterhaften gehört, die einen ligurischen Casanova suchen.

Die ligurischen Frauen sind oft aufgeschlossener als ihre Männer – auch gegenüber Fremden. Man kann im Nudelladen an der Ecke oder am Fischstand auf dem Markt durchaus mit ihnen ins Gespräch kommen. Und wenn die Donna mit dem Herz am rechten Fleck einen in eben jenes geschlossen hat, kann es vorkommen, daß man auf einen Caffè nach Hause eingeladen wird. Dort wird sie von ihren Kindern erzählen, ein paar Ratschläge für Küche und Essen geben und dann vielleicht noch eine der alten Legenden erzählen, von denen es viele gibt und die die Ligurer pflegen. Vielleicht erfährt der Reisende dann vom ältesten Mythos, der aus der Antike von Vergil überliefert ist.

Danach verwandelte sich ein König Cycnus vor Schmerz in einen Schwan, weil sein Freund Fetontes vom zürnenden Göttervater Zeus ertränkt worden war. Fetontes' Frevel war gewesen, daß er den Sonnenwagen, den er lenkte, zu dicht an die Erde gebracht hatte. Auch die Schwestern Cycnus' verwandelten sich, da sie Fetontes ebenso liebten: Sie wurden zu Pappeln und weinten Bernsteintränen. Und wenn es, so sagt man, nicht wahr ist, dann ist es wenigstens gut erfunden. Ein geflügeltes Wort, das aus Italien kommt: »Se non è vero, è molto ben trovato!«

STICHWORTE

Vom Regenbogen bis zur Via Aurelia

Handel und Wandel — das ist in Ligurien eine jahrhundertealte Wahrheit und nicht nur ein sprichwörtlicher Reim. Auch wenn Dichter und Feingeister zu den Liebhabern der Italienischen Riviera gehören

Arcobaleno

Der ligurische Küstenstreifen, der sich zwischen Monte Carlo im Westen und La Spezia im Osten über 340 km Länge spannt, wird bei den Italienern auch *arcobaleno* genannt: Regenbogen. Die Fremdenverkehrsvereinigung Azienda di Promozione Turistica hat für ihre Werbekampagne *Cara Liguria* — »liebenswertes Ligurien« die Farben des Regenbogens aufgegriffen: »Alle Regenbogenfarben: Ein einziger Blick genügt, um sich am Grün des Pinienhains, am Gelb der Mimose, am Rot der Blumen, am Blau des Himmels und des Meeres zu entzücken.« Tatsächlich ist Ligurien bei strahlendem Wetter ein Fest der Farben — bis hin zum Regenbogen-Lila der Bougainvillea. Und nur Spötter verweisen darauf, daß der echte Regenbogen am Himmel bekanntlich dann entsteht, wenn die Sonne im Rücken des Beobachters auf eine Regenwolke trifft. Regen hat Ligurien nämlich viel seltener als manche andere Gegend Italiens.

Bankwesen

Ein Blick auf die Worte, die im heutigen Geschäftsverkehr von Banken benutzt werden, zeigt deutlich, daß die Sprache der Bankiers Italienisch ist: Konto und Skonto, Giro und Saldo. Tatsächlich steht die Wiege der modernen Bankenwelt in Norditalien. Die ligurische »Banco di San Giorgio« gehört neben der »Monte Vecchio« in Venedig und der »Monte dei Paschi« in Siena zu den ältesten Banken der Welt. Der Aufschwung der Geldwirtschaft ging von der Hafenstadt Genua aus. Ausgangs des 14. Jhs., im Zuge auch der Finanzierung der Kreuzzüge, erfand dort ein *banchiere* den bargeldlosen Zahlungsverkehr, weil er den umständlichen und gefährlichen Transport von Münzen vermeiden wollte. Der blühende Han-

Ein Idyll: Olivenbäume inmitten blühender Wiesen

del im Hafen von Genua, damals noch unbehelligt von der Konkurrenz Venedig, brachte es mit sich, daß die *banchieri* auch auf zu erwartendes Frachtgut Seedarlehen gaben, die sogenannten *cambi marittimi*. Um das mit dieser Vorauszahlung verbundene Risiko so gering wie möglich zu halten, schlossen sich die Bankiers zu einer *commenda* zusammen, der Urform der modernen Kommanditgesellschaft.

Eugenio Montale

Der am 12. Oktober 1896 in Genua geborene und am 12. September 1981 in Mailand gestorbene Journalist und Dichter Eugenio Montale gilt als größter italienischer Lyriker der Moderne. Dem Ligurer, der 1975 mit dem Nobelpreis für Literatur ausgezeichnet wurde, war seine Heimatregion immer ein besonderes Anliegen. Land und Leute waren immer wieder Gegenstand seiner Gedichte. Ein Beispiel aus Eugenio Montales »Ligurischen Impressionen«: »Oh, wie in funkelnder Weite dort,/ die sich hügelwärts wölbt,/die Geräusche des Abends vergehen/und sich die Bäume bereden mit dem verwischten/Geflüster des Sandes; wie klar/dort in der Pracht der Säulen/und Weidenreihen und breiten/ Grenzgräben der Gärten, zwischen gefüllten Becken,/die überfließen,/das Leben aller einmündet, so wenig Besitz/wie der eigene Atem;/und wie sich ein Licht aus Saphir erneuert/für die Menschen, die dort/leben: Ist es nicht traurig,/daß soviel Friede aufschimmert/und alles danach mit seltenem Zucken/ im dunstigen Grunde, mit dem Gewirk/von Kaminen, mit Schreien aus hängenden Gärten/hinkreist, mit Entsetzen und langem Gelächter/von Dächern herab, zwischen Haufen/von Laub und dem Sturz/einer Sternschnuppe quer durch den Himmel, bevor/zu Worten gelangt ein Verlangen!« Bis zu seinem Tode war Eugenio Montale, der seinen Lebensunterhalt als Redakteur der angesehenen Tageszeitung »Corriere della Sera« verdient hatte, Ehren-Senator seiner Heimatstadt Genua.

Fauna

Seit 1977 sind in der Region Ligurien nicht zuletzt aufgrund hartnäckiger Kämpfe von Naturschützern zehn Reservate und 15 Naturparks ausgewiesen. In sie kehren nach und nach viele wildlebende Tiere zurück, die von den großen Touristenströmen nach dem Zweiten Weltkrieg vertrieben und fast ausgerottet worden waren. Im hochalpinen Teil Liguriens, etwa in den Hochtälern von Aroscia und Canaro, gibt es wieder Murmeltiere und Marder, Iltis und Wiesel, Gabelhahn und Bergfasan. Da sich auch Klein-Nagetiere wie Eichhörnchen, Eichel- und Haselmaus sprunghaft vermehrt haben, fanden Greifvögel wie Bussarde, Falken und nördlich der Ligurischen Alpen sogar die Habichte wieder einen natürlichen Lebensraum. Von den kleinen Nagern ernähren sich auch die zahlreichen Reptilien, die es gibt und die manchmal dem Menschen unangenehm werden können: Auf Vipern und Echsen, Geckos und Salamander sollte besonders der achten, der abseits der Wanderwege nach Pilzen

STICHWORTE

und Blumen sucht. Einen besonderen Schrecken jagt die Schlange Colubro Lacertino Malpolon ein. Sie ist mit einer Länge von bis zu 2,50 m die längste Schlange Europas. Die einst so reiche Fauna im Meer ist besonders in Küstennähe leider fast völlig verschwunden.

Fischfang

Viel Fisch gibt das gesamte Mittelmeer schon heute nicht mehr her. Das hat die bekannten Gründe: Verschmutzung und Raubbau. Und doch: Ligurien ist, obwohl seine Bürger sich auf den Meeren schon immer lieber als Seeleute, Entdecker und Händler hervortaten, eine Ecke Italiens, in der sich sehr gut Fisch essen läßt — wenn auch ziemlich teuer. Denn die küstennahen Fischer können schon lange nicht mehr die von den Restaurants geforderten Mengen an Land bringen. Auch die außerhalb der Hoheitszonen agierenden internationalen Fischfangflotten haben das Mittelmeer ziemlich leergefischt. Die Folge: Auch in Ligurien muß Fisch importiert werden, was bei ungebrochenem Touristenstrom trotzdem zu nicht gerade niedrigen Preisen auf den Speisekarten führt. Kein Reisender darf sich folglich wundern, wenn in den besseren Fischrestaurants entlang der Italienischen Riviera ein Fischgericht so kostspielig wie Wildbret oder Kalbfleisch ist. Trotzdem haben die angebotenen Speisefische nach wie vor den Zauber, den sie bei allen Mittelmeeranrainern haben. Angeboten werden — und da ist man bei deutscher Seezungen-Eintönigkeit ja schon dankbar — Kalmare, Klippfisch, Makrelen, Meerbrassen, Sarago, Seebarben, Zahnbrassen und vieles mehr. Besonders gekonnt gehen ligurische Köche, davon wird an entsprechender Stelle noch zu lesen sein, mit dem getrockneten Stockfisch um, den einst die Normannen im Mittelmeerraum einführten.

Flora

Die Italienische Riviera ist üppig, was die Vegetation angeht. Nicht ohne Grund heißt ihr westlicher Teil *Riviera dei fiori*, Blumen-Riviera. In Gärten und an Straßenrändern findet man frühjahrs und sommers bis in den Herbst hinein die herrlichsten Blütenträume: die lilafarbenen Bougainvilleen, den sternblütigen Oleander, kräftig violette Schwertlilien, die rosige Fetthenne, die lackrote Aloe. Der berühmteste und schönste Garten ist der Giardino Hanbury des Engländers Sir Thomas Hanbury bei La Mortola, der als eine der größten Sehenswürdigkeiten ganz Oberitaliens gilt. Aber auch die unterschiedlichsten Bäume

In Ligurien flicken die Fischer ihre Netze selbst

Oleanderbäume sind an der Riviera keine Seltenheit

und Büsche aus aller Welt sind am ligurischen Küstenstrich heimisch gemacht worden: Agaven und Bambus, Magnolien und Rhododendron, Zedern und allein fast 70 (!) Sorten Palmen. Die Küstengegend ist die erste von insgesamt fünf Bewuchszonen in Ligurien. Ihr folgt bis weit über 300 m Höhe die des Olivenbaumes. Dann kommt die submontane Zone um die 700 m hoch. Dort wächst vor allem ein typischer Baum der ligurischen Urlandschaft: die Edelkastanie. Von ihren Früchten, den Maronen, leben noch heute viele Ligurer vornehmlich im Hinterland. Besonders sehenswert sind die Kastanienwälder zur Blütezeit, wenn die Bäume rot glühen. In der weit über 1000 m Höhe liegenden Bergzone überwiegen dann Buchen, Kiefern und Steineichen. In der letzten mineralogischen, der alpinen Zone Liguriens nimmt dann der Bewuchs rapide ab.

Garibaldi

Die Familie des italienischen Freiheitshelden Giuseppe Garibaldi (1807–1882) kam ursprünglich aus der ligurischen Küstenstadt Chiávari. Ihm gelten Denkmäler in der ganzen Region. Straßen und Plätze in fast jedem Ort tragen seinen Namen. Als nationaler und republikanischer Freiheitskämpfer war Garibaldi die volkstümlichste Persönlichkeit im Italien des 19. Jhs. Der Volksmund nannte seine Anhänger, die Garibaldianer, nach ihrer Kleidung auch Rothemden. Vom Quarto dei Mille im inzwischen von der Großstadt Genua eingemeindeten Nervi segelte Garibaldi mit 1 000 Mann – deshalb heißt das Quartier »dei Mille« – gegen Sizilien, um Italien zu einigen. Nervis Seepromenade trägt noch heute den Namen der jung gestorbenen Ehefrau des Volkshelden: Anita Garibaldi.

Grotten

Ligurien ist auch menschheitsgeschichtlich eine uralte Gegend. Zeichen von Vor- und Frühmenschen sind zu finden. Zahlreiche Grotten in den Bergen, die in Richtung Meer abfallen, sind ei-

STICHWORTE

nen Besuch wert. Die Grotten von Toirano zwischen Savona und Imperia lohnen einen Ausflug. Sie gehören zu den ausgedehntesten ganz Italiens. Sie bilden eine Kette von Höhlen, deren längste 1170 m mißt und erst 1950 entdeckt wurde. Außer bizarren Kalksteinverkrustungen und großartigen natürlichen »Skulpturen« kann man erhaltene Fußspuren prähistorischer Menschen sehen. Wissenschaftler verweisen darüber hinaus besonders auf die Grotten der Balzi Rossi, deren Funde mit Nachdruck die Anwesenheit des Neandertalers in dieser Region beweisen. Der deutsche Kunsthistoriker Rolf Legler schreibt über die Vor- und Frühgeschichte Liguriens: »Die bedeutendsten Hinweise auf die Anwesenheit des Neandertalers liefert die Grotta delle Manie auf dem Plateau über Finale Ligure. Die ebenfalls in Finale gemachten Schädelfunde der Grotta delle Fate sind der Öffentlichkeit noch nicht zugänglich. Ausgesprochen reichhaltig sind die Erträge der Spatenforschung, die unseren direkten Ahnen, den homo sapiens sapiens (Cro-Magnon), betreffen, zirka ab 40 000 v. Chr. Ja, es scheint, daß der Küstenabschnitt des heutigen Liguriens geradezu eine Einfallpforte dieses neuen Menschentypus in die Halbinsel gebildet habe. An Zahl und Qualität der Funde sensationell sind die Grimaldi-Grotten (Balzi Rossi) bei Mentone. Vor allem in den dortigen Grotten Dei Fanciulli traten zahlreiche Gräber mit sorgsam ausgerichteten Skeletten, umgeben von Grabbeigaben und Schmuckgegenständen, zutage. Fast noch spektakulärer war aber die Entdeckung des sogenannten »Grabes des Prinzen« in der Grotta delle Arene Candide bei Finale. Leider ist die Präsentation dieser so reichhaltigen Vor- und Frühgeschichte in Ligurien selbst mangelhaft bis ungenügend.« Mit deutlichen Worten: Die meisten unterirdischen Zeugnisse menschlicher Urzeit werden nicht gezeigt.

Klima

Eigentlich gibt es für die Riviera keine bevorzugte Reisezeit. Denn das von den Ligurern mit stolz so genannte »Klima der Riviera« hält zu jedem Zeitpunkt das, was es verspricht: Es gibt wunderbar milde Winter und sonnige, nicht allzu heiße Sommer. Am schönsten, auch optisch, ist die Riviera sicher in den späten Frühjahr, ab Mitte April. Noch sehr angenehm mit Durchschnittstemperaturen um die 22° C kann die Riviera ab Ende August nach dem Ferienende der Italiener sein. Gerade in den Wintermonaten, in denen immer mehr Menschen aus nördlicheren Gefilden zum mehrmonatigen Überwintern kommen, erweist sich der schmale ligurische Küstenstreifen als klimatisch besonders günstig. Denn die schroffen Felsen halten harte, eisige Nord- und Nordwestwinde ab; und die Temperatur des Mittelmeeres sinkt auch im Dezember, Januar und Februar nie unter 8° C ab. Die Folge: Die mittlere Wintertemperatur von wenigstens 10° oder 12° C entspricht den Temperaturen Süditaliens. Hinzu kommt, daß die Italienische Riviera wie die benachbarte französische Côte d'Azur wegen ihrer Südabtreppung auch im Winter äußerst niederschlagsarm ist. Der stärkste Regen (Schnee gibt es fast nie) fällt im Oktober und November. Dann können Sturzbäche aus den Bergen und eine unzureichende Kanalisation zu schlimmen Überschwemmungen führen, wie im September '92 und Oktober '95 in Genua und Santa Margherita Ligure.

Kunsthandwerk
Im Zuge des Fremdenverkehrs, in dem das schnellere Geld zu verdienen ist, haben viele alteingesessene ligurische Familien ihr Kunsthandwerk aufgegeben. Das kleine, aber saubere Zimmer als Pensionsangebot im eigenen Haus oder die schnelle Pizza auf der Terrasse bringen mehr als die oft Stunden in Anspruch nehmenden Kunstfertigkeiten. Trotzdem gibt es das noch, das von den ligurischen Fremdenverkehrsmanagern in ihrem Arcobaleno, dem Regenbogen, mit der Farbe Gelb belegte Kunsthandwerk. In Altare etwa findet man noch Meister der ligurischen Glaskunst, die einmal einen genauso hohen Stellenwert hatte wie die venezianische auf der Insel Murano. Auch die traditionelle ligurische Tuchproduktion am klassischen Webstuhl hat sehr nachgelassen. Im Hinterland von Chiávari gibt es sie noch. Auch dort kann man noch Frauen finden, die mit ihrer geschickten Knüpfkunst Weißwäsche verschönern. Ihre Kunst, Borten zu knüpfen, stammt noch aus der Zeit, als die Männer oft monatelang zur See fuhren. Langwierig ist auch die Spitzenklöppelei, die noch auf der Halbinsel von Portofino betrieben wird. Fast schon eine Industrie haben die Kunstschreiner aus der Gegend von Chiávari aus ihrem Handwerk gemacht. Aus den unterschiedlichsten Hölzern entstehen dort Stühle, Tische und vor allem Bilderrahmen, die ein schönes Reiseandenken sein können.

Lunigiana-Stelen
Ein großes Geheimnis umgibt mehr als 50 Stein-Statuen aus dem Hinterland von La Spezia. Die ersten der nur roh bearbeiteten Skulpturen aus der Urzeit des Menschen fand man in der ersten Hälfte des vergangenen Jahrhunderts bei der Mündung des Flusses Magra in einem Gebiet, das nach der altrömischen Stadt Luni Lunigiana heißt. Bis heute ist die Bedeutung der Lunigiana-Stelen nicht geklärt. Sicher ist sich die Wissenschaft lediglich, daß die Stelen rund 5000 Jahre alt sein müssen. Auch müssen die Urmenschen, die damals an den Steinen arbeiteten, unterschiedlich kunstfertig gewesen sein. Manchmal sind richtige Gesichter mit Nase, Ohren und Augen zu erkennen, die durch einen ebenfalls herausgearbeiteten Hals mit dem grobbehauenen Restkörper verbunden sind. Andere wiederum sind plumpe Figuren, die nur entfernt an einen Menschen erinnern. Schließlich weisen einige der Lunigiana-Stelen Einritzungen auf, die Umrisse eines Dolches andeuten, was Wissenschaftler dazu brachte, anzunehmen, daß die Stelen irgendeine Art von Heldenverehrung gewesen sein könnten. Das Rätsel wird trotzdem immer bleiben.

STICHWORTE

Olivenöl

Italien zählt neben Griechenland und Spanien zu den wichtigsten Produzenten von Olivenöl. In Italien sind es vor allem Apulien, Toskana und Ligurien, die das Speiseöl pressen. Kenner schwören: Das ligurische Olivenöl ist das beste der Welt. Möglicher Grund: Ligurische Oliven haben 20 Prozent mehr Ölgehalt. Das Zentrum der Olivenöl-Herstellung findet man in der Gegend um Imperia. Die Vegetationszone des Olivenbaums – man findet in Ligurien übrigens 30 bis 40 verschiedene Sorten – reicht bis in eine Höhe von 500 m, vereinzelt stehen Bäume bis in eine Höhe von 1000 m. Wer Olivenöl für daheim kaufen möchte, sollte darauf achten, daß er *olio extra vergine* bekommt, das jungfräuliche grün-gelbe Öl der ersten Pressung. Die heutigen Ölmühlen werden fast alle elektrisch betrieben. Nur wenige werden noch wie von alters her mit Wasser in Bewegung versetzt. Eine dieser sehenswerten Mühlen kann man in Pietrabruna nördlich von San Lorenzo al Mare besichtigen. Ölpresse heißt im Italienischen *il frantoio*. So haben übrigens auch viele ligurische Wirte ihre Gasthäuser genannt, was durchaus in den allermeisten Fällen ein Gütezeichen ist.

Unverkennbar – ligurisches Olivenöl

Via Aurelia

»In Italien gibt es für mich nichts Schöneres als die am Ufer entlangziehende Straße von Genua nach La Spezia«, schrieb der englische Schriftsteller Charles Dickens in sein Reisetagebuch. Gemeint hat Dickens die weltberühmte Via Aurelia, die zunächst von ihrem Baumeister, dem Zensor Aurelius Cotta, im Jahre 241 v. Chr. nur von Rom bis Pisa geplant war. Sie sollte den Vormarsch römischer Krieger erleichtern. Und da die römischen Caesaren immer machthungriger wurden und ihr Herrschaftsgebiet ausdehnen wollten, führte schon bald auch die Via Aurelia weiter – über La Spezia hinaus durch den ganzen ligurischen Bogen bis Ventimiglia und weiter entlang der Côte d'Azur bis Marseille, Nîmes und Narbonne. Dort teilt sich die Via Aurelia. Ein Teil führt durch Frankreich über Toulouse nach Bordeaux, der andere die spanische Mittelmeerküste hinunter bis nach Valencia und Cartagena. Im ligurischen Teil führt die Via Aurelia nicht immer direkt am Meer entlang. Allerdings zieht das Wasser sie immer wieder wie ein Magnet an, so daß es viele herrliche Abfahrten aus dem bergigen Oberland Liguriens gibt. Sogar durch Genua führt die Via Aurelia. Zwischen dem Quarto dei Mille im östlichen Vorort Nervi und dem Flughafen Cristoforo Colombo im Westen empfiehlt es sich allerdings – wegen des immer stehenden Verkehrs –, die das Zentrum umgehende Autobahn zu nehmen.

ESSEN & TRINKEN

Speisen ist ein schnörkelloser Genuß

Kräuter kitzeln die Nase, Frische fördert die Gesundheit, und der Fisch schmeichelt der Figur

Essen

Es gibt ein richtig dummes Vorurteil gegen die Küche Liguriens, das besonders jene pflegen, die vorgeben, sich gerade in der Regionalküche Italiens bestens auszukennen. Sie sagen: Auf und hinter den Bergen an der Italienischen Riviera kocht man mit Geiz. Oder anders: Ligurische Küche ist mit der in den umliegenden Provinzen, das Piemont und die Lombardei im Norden, die Emilia-Romagna im Osten und die Toskana im Süden, in keiner Weise zu vergleichen. Dort herrsche, züngeln die selbsternannten Spitzmäuler, Vielfalt und Reichtum, hier ein *arcobaleno*, dem Regenbogen, Schlichtheit und Armut. Sciochezze! Dummes Zeug!

Aus den Küchen Liguriens kommt Genuß. Frisch und rein und würzig und, gerade in den einfachsten Gasthäusern, von schnörkelloser Großartigkeit. Denn dort steht Muttern hinter dem Herd. Die hat das Kochen von ihrer Mutter, und die wiederum von ihrer Mutter. Sie alle hatten sich gehörig anzustrengen, weil ihre seefahrenden Männer, die Händler und Eroberer, nach Monaten auf See der Küche in der Heimat entgegengierten. *Cucina ritornata* nennen deshalb die Italiener die ligurische Kochkunst nicht ohne Hochachtung, Küche der Wiederkehr. Und noch einen ehrfurchtsvollen Namen hat sie bei den Menschen aus anderen Gegenden des Landes: *cucina verde*, die grüne Küche.

Grün ist sie wirklich. In dem von der Sonne verwöhnten Küstenstrich sind das Obst (sogar Zitrusfrüchte gedeihen), das Gemüse und vor allem die Kräuter von betörender Frische. Der Duft von frischem Basilikum, der aus den Gärten an den Berghängen kommt, setzt sich nicht selten sogar gegen den würzigen Geruch von Teer, Meer und Stra-

Straßencafés laden in allen Orten zur Pause ein

ßenverkehr im Hafen von Liguriens Metropole Genua durch.

Das Basilikum ist die Grundlage von Liguriens Nationalgericht: dem *pesto*, dem im guten alten Mörser gestampften Gewürzbrei aus Basilikum, Knoblauch, Pecorino oder Parmigiano, Pinienkernen und natürlich Olivenöl. Pesto essen die Ligurer zu fast allem, zu gedünstetem Gemüse, gekochtem Fleisch und hauptsächlich zur Pasta, wie bekanntlich alle Nudelgerichte heißen. Erstaunlicherweise ißt man in Ligurien die außerhalb Italiens bestens bekannten *spaghetti al pesto* nur selten. Ligurer ziehen die *pasta bolognese*, breite Bandnudeln aus Eiern und Mehl, vor. Je nach Breite heißen sie *fettuccine, tagliatelle, taglierini* oder *trenette*. Es gibt aber auch die *penne* (die etwas dickeren Röhren), *cannolicchi* (kleine Röhrenpasta), *ditalini* (noch kleinere Finger) und die oft aus Kartoffel- und Weizenmehl bestehenden, ziemlich sättigenden *gnocchi*, die man in Ligurien *troffie* nennt.

In diesem Zusammenhang darf man das Herzstück nicht unerwähnt lassen: die *ripieni*, was wörtlich übersetzt »Lückenbüßer« oder »Füllwerk« bedeutet. Gefüllt werden bei diesem Gericht Teigtaschen. Nun darf man sich dies allerdings nicht so einfallslos vorstellen wie die hinlänglich bekannten *Ravioli* aus der Konservenbüchse, die Kinder so gern (und möglichst auch noch kalt) löffeln.

Ripieni sind in wunderbarer Vielfalt – von Fisch über Fleisch bis Gemüse – gefüllte Teigtaschen. Die Füllmasse wird in der Regel, fein abgeschmeckt mit Kräutern, zu Brei verarbeitet.

Formaggio in Hülle und Fülle

Eine *ripieni*-Spielart sind tatsächlich die *ravioli*, die der Ort Fascia für sich als Erfindung in Anspruch nimmt, obwohl es nach ligurischer Überlieferung eigentlich ein Schiffskoch gewesen soll, der sie erfand. Er sammelte – da schwingt dann wohl ein Hauch von Einfachheit und Armut mit – die Küchenreste einer Woche, hackte und würzte sie und steckte sie in Teigtaschen. Die Füllung der verfeinerten *ravioli alla Genovese* besteht heute aus Kalbfleisch, Kalbshirn, Bries, Schweinebrust, Ei, Parmesan und altem, in Milch eingeweichtem Brot.

Ravioli-ähnlich ist ein anderes ligurisches Stammessen: die *pansoti con salsa di noce*. Pansoti sind ebenfalls Teigtaschen. Sie werden hier mit einer Quark-Kräuter-Mischung und je einer Gemüseart (nach Jahreszeit: Lauch, Mangold oder Spinat) gefüllt, was, in Verbindung mit der Nußsauce, ganz besonders delikat schmeckt.

Wer glaubt, daß die Ligurer

ESSEN & TRINKEN

nun mit ihrem Füllwerk am Ende sind, täuscht sich. Sie füllen auch gerne Fleisch. Das berühmteste Gericht ist eine gefüllte Kalbsbrust, die *cima*. Damit der geneigte Esser weiß, was da auf ihn zukommt: *Cima* ist eine vom Knochen gelöste Kalbsbrust, die mit einer Mousse aus Rinderhack, Eiern, Parmesan, Pinienkernen und viel Petersilie gefüllt wird. Die zugenähte Fleischtasche gart dann gute zwei Stunden in einer kräftigen Fleischbrühe. Die *cima* wird heiß und kalt gegessen.

Zu kaltem Fleisch (oft auch zu warmem) haben die Ligurer neben dem wirklich allgegenwärtigen *pesto* noch ein paar andere kalte Saucen, die ebenfalls mit dem hervorragenden ligurischen Olivenöl abgerundet werden: die *aggiata* besteht vor allem – der französischen *Aïoli* nicht unähnlich – hauptsächlich aus Knoblauch, der *maro* aus frischen Bohnen vom Feld und der *zemin* aus mit frischen Kräutern gewürzten Tomaten – allesamt durch das Olivenöl verfeinert, das der Kenner beim Einkauf ohnehin kostet wie einen guten Wein.

Auch mit den Oliven selber können ligurische Köche und Köchinnen zaubern. Bekannt und verbreitet sind etwa die *olivi in salamoia*, die, wie andernorts Gurken, in Salzlauge eingelegten Oliven, oder die *pasta d'oliva*, eine herbbittere Pastete aus schwarzen Oliven, die man auf würziges Knoblauchbrot streicht oder zu salzigem Gebäck wie *focaccia* oder *tortino* ißt, das in jedem Ort je nach Gewürzen anders schmeckt.

Nun ist es an der Zeit, endlich zum – *pesto* hin, *pesto* her – wichtigsten Teil einer ligurischen Mahlzeit zu kommen: *pesce*, dem Fisch. Auch wenn er heute tatsächlich höchst teuer geworden ist, ziehen die Ligurer ihn gerade in der Küstenregion immer noch den Wild- und Fleischgerichten vor.

Wo es sie gibt, sollte der Reisende die wegen der Meeresverschmutzung immer seltener gefangenen *datteri di mare* probieren, Muscheln, die Form und Farbe einer Dattel haben und wie Austern mit einem Spritzer Zitrone gegessen werden. In der Gegend um La Spezia gibt es sie noch häufiger. Empfehlenswerte Vorspeisen sind weiter die *filetti d'acciughe con capperi*, in Öl und Zitrone marinierte Sardellenfilets mit herzhaften Kapern, oder die *bianchetti*, kleine, gerade geschlüpfte Anchovis oder Sardi-

---

Il Pesto

Einmal probiert, immer verführt: die ligurische Nationalwürze *pesto*. Auch wenn sie göttlich schmeckt, ist sie irdisch in der heimischen Küche nachzumachen. Eine Handvoll feingehacktes Basilikum, ein Viertel Teelöffel Salz, eine zerdrückte Knoblauchzehe, ein bis zwei Eßlöffel geriebener Pecorino oder Parmigiano und grob gehackte Pinienkerne werden in einem Porzellanmörser gerieben und vermischt. Unter Rühren wird ligurisches Olivenöl aufgegossen. Ecco: il pesto, der König der ligurischen Küche.

nen, angemacht in Olivenöl und Zitrone, die so heißen, weil sie noch weißlich, fast durchsichtig sind. Besonders schmackhaft als Vorspeise ist auch bei sommerlichen Temperaturen die *ciuppin*, eine legierte heiße Suppe aus Mittelmeerfischen.

Fisch gibt es in Ligurien an jeder Ecke

Bei den Fisch-Hauptgerichten spielt der einst von den Normannen im Mittelmeerraum eingeführte Stockfisch die größte Rolle. Der luftgetrocknete Kabeljau wird in vielen Variationen kunstvoll verarbeitet. Viele Restaurants entlang der Küste weisen mit besonderen Aushängeschildern darauf hin, daß Stockfisch am Tag auf der Karte steht: *oggi stoccafisso*.

Die Stockfisch-Gerichte sind so abwechslungsreich wie die Landschaft Liguriens. Da gibt es *brandacoion*, eine Art Stockfisch-Hackbraten mit Kartoffeln, Eiern und Nüssen, *buridda*, den geschmorten Stockfisch in Tomatensauce, *stocco accumodou*, Stockfisch mit Weintrauben, Tomaten und Pinienkernen, oder *code di stoccafisso*, die mit Gemüse gefüllten Stockfisch-Schwänze. Nach soviel Würzigkeit noch einige Hinweise auf die *dolci* der Region, die Süßigkeiten Liguriens. International bekannt sind die überall erhältlichen *baci*, Schokopralinen mit Nußfüllung, und die *amaretti*, kleine Makronen mit Amaretto-Geschmack. Weniger Verbreitung, oft sogar nur in einer Stadt oder Gegend, haben die *millesimi*, die kleinen Rumpralinen aus Millesimo, die *cobaita*, Nougat mit halbierten Haselnüssen in Honig aus der Gegend um Ventimiglia, und die *sfogliate*, ein Blätterteigkuchen aus Varigotti. Wieder überall, aber besonders häufig im offenbar süßeren Südzipfel der Riviera, bekommt man *pandolce*, eine Art Stollen mit Rosinen, und die *canestrelli*, gesüßte Brezeln.

Trinken

Zum Abschluß der kulinarischen Rundreise die Levante und Ponente hinauf und hinab darf der Wein nicht fehlen. Auch er bedarf – der Kreis der Betrachtung kulinarischer Kraft am *arcobaleno* schließt sich – einer Ehrenrettung. Denn ligurischer Wein hat längst nicht den guten Ruf anderer italienischer Provenienzen. Am bekanntesten sind der gelbliche herbe *Vermentino* und der wirklich großartige *Cinqueterre*, der einem mit jedem Schluck immer ein wenig Meeresbrise auf die Zunge zaubert. Im Hinterland von Genua gibt es noch einen äußerst probierenswerten Weißwein: den *Valpolcevera*. Wer Rotwein trinkt, kann und sollte auch – das gilt übrigens für fast alle Gegenden Italiens – in der Region bleiben. Der *Barbarossa*, der *Brachetto di Albenga*, der *Dolcetto* und vor allem der *Rossese di Dolceacqua* sind mehr als ordentliche Gewächse.

EINKAUFEN & SOUVENIRS

Handarbeit ist Spitze

Neben vielerlei für Küche und Kochtopf kann der Reisende vor allem eines mit nach Hause nehmen: sorgfältige Arbeiten von Kunsthandwerkern

Es gibt ihn natürlich, den Andenken-Kitsch. Auch und gerade an der Italienischen Riviera, die ja schon seit dem frühen 19. Jh. (zunächst von den Engländern) als Reiseziel entdeckt ist. Da findet man beim Souvenirhändler im Hafen von Rapallo eben jene Hafenansicht im Schüttelschnee (!) einer handtellergroßen Glaskugel. Oder man greift zu einer Muschelkette, deren Glieder bestimmt niemals im Mittelmeer sondern eher auf einem synthetischen Fertigungsband gelagert haben. Auch die fliegenden Händler, die mit ihren Lederhüten und Blumentüchern (»Made in Taiwan«) über die Strände flitzen, gibt es in Ligurien wie überall, wo man Urlaub macht.

Trotzdem kann man sich gerade in Ligurien mit höchst individuellen Souvenirs eindecken, die je nach Laune handfest oder schmackhaft sein können. Das Kunsthandwerk wird in vielen Orten noch gepflegt. Allerdings sollte man sich das Stück, das man zu erstehen gedenkt, genau ansehen, ob es nicht doch eine Industrieproduktion ist. Faustformel: Je beredsamer ein Marktschreier ist, desto mehr hat er zu verbergen. Die wahren Kunsthandwerker Liguriens sind eher zurückhaltend. Im Gespräch mit ihnen – und wenn es auch nur eines mit Händen und Füßen und wenigen Brocken Italienisch ist – muß man den wahren Künstlern alles mühsam aus der Nase ziehen. Manchmal selbst den Preis, der immer – nicht nur auf den Märkten entlang der Küste – Verhandlungssache ist. Ein paar Tips, die nur die Richtung angeben können, denn auswählen sollte jeder Reisende selbst: In *Santa Margherita Ligure* und *Portofino* gibt es handgefertigte Spitzen, im benachbarten *Rapallo* kostbare Klöppelarbeiten und in *Zoagli* geschmeidigen Samt. *Sarzana* ist für seine Schmiedekunst bekannt; *Savona* und *Albisola* sind es für ihre Keramiken. Schließlich: Die besten Schreiner, die mit Nußbaum, Kirsche und Ahorn arbeiten, findet man im Gebiet um *Chiávari*.

Neben dem Kunsthandwerk finden auch Antiquitäten und die Kunst (*Bussana Vecchia* ist bekannt für seine Gemälde, Plasti-

Ein Genuß: selbstgemachte Pasta

EINKAUFEN & SOUVENIRS

ken und Graphiken zeitgenössischer Künstler) immer häufiger Käufer unter den Touristen. Aber vorsichtig: Die Ausfuhr von Kunstgegenständen und Antiquitäten bedarf einer schriftlichen Genehmigung des Amtes für Denkmalschutz.

Im Zuge des europäischen Binnenmarktes sind Reisemitbringsel nicht mehr limitiert, allerdings muß auf Anfrage des Zolls der persönliche Gebrauch nachgewiesen werden. Lastwagenladungen voller Wein oder Kleidung gehören sicher nicht in diese Kategorie.

Da das nahe Mailand Italiens Hauptstadt der Mode für Frauen und Männer ist, haben die Boutiquen in den größeren Küstenorten gerade zur Hauptreisezeit stets ein aktuelles, wenn auch nicht ganz preiswertes Angebot. Die luxuriösesten Geschäfte findet man in Genuas beiden reizvollen Einkaufsstraßen *Via XX Settembre* und *Via Roma*. Hier sind die Preise im Vergleich zu Mailand selber, zu Venedig, Florenz und Rom eher vernünftig.

Wer nicht zuletzt wegen des Essens nach Ligurien gekommen ist, kann sich natürlich auch mit besten Zutaten zum Kochen daheim als genußvollem Andenken eindecken. Beispielsweise mit *Olivenöl*, dem besten der Welt. Das Mekka der Ölherstellung liegt in *Dolcedo*, knappe zehn Kilometer von Imperia entfernt. Dort können Sie das Öl wie bei einer Weinprobe verkosten, es nach Farbe, Geruch und Geschmack auswählen. Ein Rat: Olivenöl sollte möglichst frisch verbraucht werden: Zu lange Lagerung – am besten dunkel und nicht zu kühl – schadet dem Geschmack. (Gleiches gilt auch für die frische, selbstgemachte Pasta, die man an fast jeder Straßenecke bekommen kann.)

Wer mit dem eigenen Wagen angereist ist, wird dann sicher auch noch zum Weinkauf gehen. Was zum Wein schmeckt, sind Käse und Wurst. Auch sie sind bestens transportfähig. Beim Käse fällt die Wahl vielleicht auf den *mollane* aus *Sori*, einen sehr salzhaltigen Schafskäse, oder – eine ligurische Besonderheit – den *presciusena*, einen säuerlichen Frischkäse. Großartige Würste kommen aus dem bergigen Hinterland Liguriens: die Knoblauchsalami aus *Casella* und *Otero*, Blutwurst und *Coppa*, die Wurst aus Schweinehals, aus *Fascia*. Im Winter kommt aus *Campo Ligure* die *testa in casella*, eine Salami aus dem Kalbskopf.

Selbstverständlich lohnt zur Jahreszeit auch ein Teller voll Obst als Andenken, wenn auch als eines, das schnell verzehrt werden muß. Erdbeeren aus *Albenga,* Himbeeren aus *Bardinetto,* Kirschen aus *Camogli* – frischer und schmackhafter kann Obst nicht sein. Wer davon etwas länger naschen mag, kauft Obst konserviert, beispielsweise die *chinotti,* jene göttlich schmeckenden, in Zucker und Alkohol eingelegten Bitterorangen, die jedes Dessert verfeinern.

Die Öffnungszeiten der Geschäfte sind oft gerade im Hinterland nicht besonders regelmäßig. Das ist erlaubt, da es in ganz Italien keine gesetzlich geregelten Ladenschlußzeiten gibt. Die Faustregel in den Städten und großen Orten an der Küste: *Die Geschäfte sind von 8.30 bis 13 und von 16 bis 19.30 Uhr geöffnet.*

RIVIERA-KALENDER

... und die Kirche feiert kräftig mit

Die meisten Festtage ballen sich zu Ostern für die Christen und im Sommer für die Touristen

Weltliches Vergnügen und kirchlicher Anspruch sind an der Italienischen Riviera übers Jahr kein Gegensatz. Viele Feste, die man in Ligurien feiert, sind religiösen Ursprungs und halten neben der stillen Andacht auch eine gute Portion Lebensfreude für die Menschen der Region bereit.

Obwohl die Ligurer verschlossenere Menschen sind als andere weiter im Süden lebende Italiener, können sie kräftig feiern. Oftmals stammen die Anlässe für eine *sagra*, eine Kirmes, in den kleinen Orten noch aus vorchristlicher Zeit, als der Wechsel der Jahreszeiten eben noch deutlicher den Lebensrhythmus bestimmte als heute. Frühlingsriten und Erntebeschwörungen waren keine Seltenheit. Oftmals ist die damalige Bedeutung heute nicht mehr zu erkennen. Deutlich ist aber, daß an der Italienischen Riviera in jedem Jahr Hunderte von kleinen und kleinsten Festen stattfinden. Auch nur annähernd eine Übersicht über das Programm zu geben würde den Rahmen dieses Führers sprengen. Deshalb haben wir lediglich die wichtigsten Feste, Veranstaltungen und Prozessionen herausgesucht. Ausführlichere Informationen geben die jeweiligen Fremdenverkehrsbüros und in Liguriens Metropole Genua der zweimonatlich erscheinende städtische Informationsdienst *Genova per noi*, der kostenlos in Hotels und Reisebüros ausliegt.

GESETZLICHE FEIERTAGE

1. Januar *(Neujahr)*, 6. Januar *(Dreikönigsfest)*, Ostermontag (wird sehr ernst gefeiert; alle Geschäfte und die meisten Restaurants sind geschlossen), 25. April *(Tag der Befreiung)*, 1. Mai *(Tag der Arbeit)*, 1. Sonntag im Juni *(Proklamation der Republik)*, 3. Sonntag im Juli *(Erlöserfest)*, 15. August *(Mariä Himmelfahrt* und *Ferragosto)*, das größte italienische Familienfest; es markiert gleichzeitig den Höhepunkt der Ferien: Die Fabriken sind zu, die Städte leer

Sehenswert sind die Karfreitagsprozessionen. An diesem Tag wird des Kreuzgangs Christi gedacht

MARCO POLO TIPS FÜR FESTE

1 Processione del Venerdì Santo di Savona
Seit dem 13. Jahrhundert wird diese berühmteste der bekannten ligurischen Karfreitagsprozessionen in Savona durchgeführt (Seite 32)

2 Festa della Barca
Ein trauriger Anlaß, ein tolles Fest — zur Erinnerung an ein schreckliches Erdbeben wird in Baiardo an jedem Pfingstmontag eine tragische Ballade aufgeführt (Seite 33)

3 Stella Maris
Die Bootsprozession von Camogli nach Portofino am ersten August-Sonntag ist besonders pittoresk (Seite 33)

4 Processione dei Cristi
In Pedemonte findet die bekannteste katholische Prozession zum Andenken an Mariä Himmelfahrt statt (Seite 33)

---

und alle Italiener am Strand. 1. November *(Allerheiligen)*, 1. Sonntag im November *(Tag der Nationalen Einheit)*, 8. Dezember *(Mariä Empfängnis)*, 25. Dezember *(Weihnachten)*, 26. Dezember *(Fest des heiligen Stephan)*. Liegt ein beweglicher Feiertag so günstig, daß es nur einen Werktag zwischen ihm und dem Wochenende gibt, dann machen viele Geschäfte den *ponte*, das heißt, sie schlagen eine Brücke von drei oder vier geschlossenen Tagen. An solchen Wochenenden ist gerade die Italienische Riviera ein beliebtes Nahziel für die Oberitaliener.

KIRCHENFESTE

März/April

Das genaue Datum bestimmt der Kalender, aber eines ist absolut sicher: Die alljährlich an *Karfreitag* zu Ostern stattfindenden *processione del Venerdì Santo*, die Karfreitagsprozessionen, gehören entlang der ligurischen Küste zu den sehenswerten Festen des Jahres. Lokale Bruderschaften, die *confraternità*, führen die Prozessionen durch, die in teils prunkvollen Gewändern den Kreuzgang Christi nachstellen. Die berühmteste der Kreuzweg-Nachstellungen in Ligurien, die seit dem 13. Jh. zelebriert werden, findet immer in geraden Jahren in *Savona* statt. Veranstalter der ★ ✪ *processione del Venerdì Santo di Savona* ist die Bruderschaft *Oratorio del Cristo Risorto*.

Vorbereitungen für das Fischfest in Camogli im Mai

RIVIERA-KALENDER

Garessio: Ein weiteres Schauspiel in der *Karwoche* ist das Passionsdrama *Aufführung des Mortorio*, das 1433 uraufgeführt wurde. Aufführungsort: *confraternità di San Giovanni*, die Kirche der Johannes-Bruderschaft.

August
Pedemonte: 16.8. ★ *processione dei Cristi*, die berühmteste zu *Mariä Himmelfahrt* in Ligurien.

LOKALE FESTE UND VERANSTALTUNGEN

Februar
Taggia: 12.2. *festa dei Saraceni*, mit der die Stadt ihrer Befreiung von den Sarazenen im hohen Mittelalter durch den heiligen Benedetto Ravelli gedenkt; ein Freudenfest mit Feuerwerk.
Rapallo: Fastnacht *(Faschingsdienstag)* Internationaler Cartoonisten-Kongreß.
San Remo: Nationaler Schlagerwettbewerb mit internationalen Auswirkungen, denn die Siegertitel hört man das ganze Jahr – und sie klingen seit vielen Jahren gleich.

März/April
San Remo: Zieleinfahrt des Radklassikers Mailand–San Remo, der alljährlich zu unterschiedlichen Daten die Straßensaison der Profi-Radfahrer eröffnet.

Mai
Camogli: 2. Sonntag. Berühmtestes Fischfest Liguriens; in riesigen Pfannen wird Meeresgetier gesotten und kostenlos an Bürger und Passanten verteilt.
Genua: Die *Via Aurea dei Genovesi* beginnt, das mehrmonatige Kultur-Sommerfest.

Juni
Baiardo: Pfingstsonntag ★ ✡ *die festa della Barca* ist ein denkwürdiges Fest, mit dem die Bewohner an ein schreckliches Erdbeben im Jahre 1887 erinnern. Es wird die tragische Ballade *Canzone della Barca* aufgeführt.

Juli
Rapallo: ☥ Im ganzen Monat Volksfest mit Tages- (!) und Nachtfeuerwerken.
Taggia: Mitte des Monats Zelebrierung des einzigen noch aufgeführten spätmittelalterlichen Totentanzes auf der *festa della Maddalena.*

August
Camogli: 1. Sonntag ★ *Stella Maris*, eine pittoreske Bootsprozession bis nach Portofino.
Noli: 16.8. Bei der *regata dei Rioni* kämpfen Männer und Frauen aus den verschiedenen Stadtvierteln in historischen Kostümen bei mancherlei Geschicklichkeitsübungen.
Sarzana: Im ganzen Monat reichhaltiger Antiquitätenmarkt.

Oktober
Genua: In jedem Jahr Kolumbusfeiern während des ganzen Monats und der Nautic-Salon, die größte Bootsschau im gesamten Mittelmeerraum.

Dezember
Savona: 24.12. Das *confuochi*, das Abbrennen eines Lorbeerbaumes vor dem Bürgermeister, war ursprünglich eine Unterwerfungsgeste der Bürger in der ganzen Region. Heute findet das Feuer mit anschließender Geschenkübergabe nur noch hier statt.

RIVIERA DI PONENTE

Im Land der Blumen und Palmen

An der Badeküste zwischen Varazze und Ventimiglia gibt es die schönsten Strände — aber auch die mondänsten und teuersten Städte

Seit den Tagen des Engländers Thomas Hanbury, der in der zweiten Hälfte des vorigen Jahrhunderts bei Bordighera einen der prächtigsten Botanischen Gärten Europas anlegte, hat sich an der Riviera di Ponente ziemlich viel geändert. Das Stück *arcobaleno* zwischen Genua und der italienisch-französischen Grenze mit den immer noch schönsten Stränden der gesamten Riviera ist an etlichen Orten bis zur Unerträglichkeit in touristischer Hand, in deutscher (Alássio, Finale Ligure, Diano Marina) und englischer (San Remo). Und selbst die Blumen, die einst diesem herrlichen Stück Küste ihren Namen gaben, können eine Belastung sein, wenn riesige Glashaus-Farmen den Blick auf das Hinterland verstellen. Blumen-Riviera hinter Glas! So

Die Kirche prägt den Alltag — auch im touristischen San Remo

Hotel- und Restaurantpreise

Hotels
Die Preise gelten für ein Doppelzimmer, bei dem das Frühstück *(piccola colazione)* meist nicht inbegriffen ist. Eine Empfehlung: Nehmen Sie *caffè con brioche*, den starken Schwarzen mit Hörnchen, nebenan in der Bar, weil Sie 10 000 Lit sparen können.

Kategorie 1: ab 200 000 Lit
Kategorie 2: 90–200 000 Lit
Kategorie 3: bis 90 000 Lit

Restaurants
Bei den Restaurants ist eine Einschätzung der Kategorie schon deshalb schwieriger, weil die Wahl der Menüs und der Geschmack beim Wein eine Rolle spielt. Auch hier haben wir versucht, zum besseren Überblick drei Kategorien zu schaffen.

Kategorie 1: ab 70 000 Lit
Kategorie 2: 40–70 000 Lit
Kategorie 3: bis 40 000 Lit

kann Sir Thomas das damals wirklich nicht gemeint haben.

Aber vorerst genug der Nörgelei. Denn die Ponente, das italienische Wort für Westen, lockt mit einer ganzen Menge von Verführungen. Man findet noch die Farben und Düfte, die die Sinne verführen. Nicht am Rande der gerade im Sommer überlaufenen Hauptorte, aber an den Wegen abseits der großen Straßen – und dann besonders im Frühjahr und Sommer. Es gibt noch kleine sehenswerte Häfen und andere Zeugnisse der oft wechselvollen Geschichte Liguriens. Und man findet, mit etwas Glück, einige der besten Restaurants des ganzen Regenbogens.

Schließlich noch ein Wort zum Wetter. Der Küstenstreifen ist normalerweise auch im Winter niederschlagsarm, was bedeutet, daß es sich für den, der Zeit hat, lohnt, ein paar Wochen zu überwintern, zumal auch die großen Orte in den Monaten Dezember bis März nicht so stark besucht sind und die Menschen der Ponente, die ein wenig offener sind als die der Levante, sich ein bißchen mehr Zeit für den Reisenden nehmen können. Dann schließlich kann man bestimmt mit Eugenio Montale einig sein, dem großen ligurischen Dichter: »Die Reise endet hier: Die Seele, von nichtigen Sorgen zerteilt, vermag keinen Schrei mehr zu tun.«

ALÁSSIO

(**D 5**) Auch wenn der große eigensinnige Ernest Hemingway hier seine Spuren hinterlassen hat: Der Ort ist nichts mehr für Individualisten. Alássio gilt mit seinen Hotels, die direkt am feinsandigen Strand aufgereiht sind, mit den vielfältigen Wassersportmöglichkeiten von Bootfahren bis Windsurfen als der Familienort schlechthin – und er ist fest in deutscher Hand, Gerhard Polt

Der Badeort Alássio. So berühmt, wie er schön ist

RIVIERA DI PONENTE

MARCO POLO TIPS FÜR RIVIERA DI PONENTE

1 Conchiglia d'Oro
Das beste Fischrestaurant in West-Ligurien findet man in Varigotti (Seite 45)

2 Punta Est
Die herrliche Hotel-Villa außerhalb von Finale Ligure hat einen Privatstrand (Seite 44)

3 Olio Extravergine
Flüssiges Gold: das beste im Hinterland Imperias (Seite 47)

4 Albisola Marina
Hier findet sich ein sehenswertes Keramikmuseum, das über die Geschichte der Porzellanherstellung Auskunft gibt (Seite 52)

5 Pinacoteca Civica
Die schönste Gemäldesammlung an der ganzen Italienischen Riviera (Seite 52)

6 San Remo
Das ist die ehemalige (und jetzige) Ponente pur (Seite 48)

7 Mànie
Die Hochfläche bei Noli ist ein Paradies für Naturfreunde (Seite 53)

8 Giardino Botanico Hanbury
Der schönste Garten der ganzen Riviera liegt zwischen Ventimiglia und französischer Grenze (Seite 55)

---

ist nicht weit. Man spricht deutsch. Und das auch noch mit Tradition. Denn ein deutscher Badearzt mit Namen Schneer entdeckte Ende des 19. Jhs. die Naturschönheiten und heilklimatischen Vorzüge gerade dieses Stückes Riviera. Und nach einer alten Legende war es die Tochter des deutschen Kaisers Otto, die dem Ort seinen Namen gab. Das schöne Kind, auf der Suche nach einem sicheren Versteck für sich und ihren Geliebten, hieß Adelasia.

BESICHTIGUNGEN

Der Kulturreisende findet nicht viel Interessantes in Alássio. Dazu ist der Ort zu touristisch eingestellt.

Budello
Das italienische Wort bedeutet einfach »enge Gasse«. In den alten Fischerorten der westlichen Riviera gibt es diese historischen *budelli*, Gassen zwischen hohen Häusern, deren Stützbögen und sogar Mauern miteinander verbunden sind, immer noch. Auch in Alássio. Hier ist der *budello* eine schöne Einkaufszone. *Corso Marconi*

Muretto
Die berühmte Mauer weist darauf hin, daß Alássio einst tatsächlich ein hochnobler Urlaubsort war. Auf den Keramiken der »kleinen Mauer« gegenüber dem einstigen In-Treff *Caffè Roma* haben sich Berühmtheiten wie Hemingway, Vittorio de Si-

ca, der Clown Grock, Zarah Leander und Schmalz-Geiger Helmut Zacharias verewigt. Alljährlich im August wird unter den Urlauberinnen die »Miß Muretto« gewählt. *Südlich vom Rathaus*

Sant'Ambrogio
Die Pfarrkirche war bis 1303 im Besitz der Benediktiner von der vorgelagerten Insel Gallinara. Sehenswert: der Campanile von 1507 und das Schieferportal von 1511. *Via Bosco*

RESTAURANTS

Albergo Columbia
Küche der Region mit immer wieder neuen Variationen wie *sformati di sedano verde con fonduta di raschera* (Sellerietörtchen mit Raschera-Käse überbacken) oder *spaghetti con polpa di granchio* (Spaghetti mit Taschenkrebsfleisch). Die reichhaltige Dessertkarte wechselt täglich. *Mo und 20. Okt.–22. Dez. geschl., Passeggiata Cadorna 12, Tel. 0182/64 03 29. Kategorie 2*

Palma
Küche auf sehr hohem Niveau. Koch Silvio Viglietti verwendet für seine Speisen nur *olio extravergine*. Das ist Olivenöl, das ohne den Druck einer Presse, also nur durch das Gewicht, das die übereinanderliegenden Oliven haben, abläuft. Bevorzugt wird fangfrischer Fisch verarbeitet – etwa zu *raviolo di branzino alla borraggine con fumetto di crostacei e canolicchi* (Teigtasche mit Borretsch und Wolfsbarsch gefüllt in Krebs- und Taschenmessermuschel-Sud). Zwei Nachspeisen stehen im Wettbewerb: das *sorbetto al basilico* (ein leicht gesüßtes Basilikum-Sorbet) und der *flan soffiato caldo al limone* (ein warmer Zitronenpudding). *Mi und im Nov. geschl., Via Cavour 5, Tel. 0182/64 03 14. Kategorie 1*

HOTELS

Die großen Hotels liegen fast alle in Strandnähe. Sie sind gerade in der Saison extrem teuer. Im Ort gibt es aber auch unzählige kleinere Hotels und Pensionen, acht Apartment-Anlagen und vier Campingplätze.

Eden
Eine kleine Pension mit Abendessen für Hausgäste. *29 Zi., Nov. bis Mitte Dez. geschl., Passeggiata Cadorna 20, Tel. 0182/64 02 81, Fax 64 30 37. Kategorie 3*

Europa e Concordia
Angenehm geführtes Haus mit Strandbad, in dem es auch nur für Hausgäste Mahlzeiten gibt. *60 Zi., Nov. bis Feb. geschl., Piazza Partigiani 1, Tel. 0182/64 33 24, Fax 64 33 26. Kategorie 2*

Spiaggia
Luxushotel mit Strandbad und nicht einsehbarer Sonnenterrasse. *83 Zi., 20. Okt.–23. Dez. geschl., Via Roma 78, Tel. 0182/64 34 03, Fax 64 02 79. Kategorie 1–2*

SPORT UND SPIEL

Der feinsandige Strand vor Alássio zählt zu den schönsten Stränden der Ponente, ist aber auch am überfülltesten. Wer bereit ist, ein bis zwei Kilometer vom Stadtkern in Richtung Westen nach *Laiguéglia* oder in Richtung Osten nach *Albenga* zu gehen,

RIVIERA DI PONENTE

findet die gleiche Sandqualität, hat aber mehr Platz. Vor Alássio sind alle gängigen Wassersportarten möglich, sogar Flaschentauchen. Für Golfer gibt es 17 Kilometer nördlich bei *Garlenda* einen 18-Loch-Platz, der allerdings von *Sept. bis Juni und an jedem Mi geschlossen ist (Tel. 0182/ 58 00 12)*.

AM ABEND

Das Nachtleben in den Diskotheken beginnt erst gegen Mitternacht. Der Ferienstimmung angepaßt, geht es dann oft bis in den frühen Morgen. Ein Tip: Am besten holen Sie sich Ihren Drink selbst an der Bar! Das ist meistens deutlich preiswerter, als sich am Tisch bedienen zu lassen. Die Bars sind gesetzlich verpflichtet, die Preislisten sichtbar aufzuhängen.

Caffè Roma
↟ Das Kaffeehaus ist zwar schon ab morgens geöffnet, erwacht aber erst zu richtigem Leben, wenn die Konzerte beginnen, die hier auch von durchaus bekannten Popstars gegeben werden. *Via Dante 38*

Spotti
↟ Der In-Treff für junge Leute liegt direkt an der Strandpromenade und ist am Abend ständig überfüllt. Man steht mit seinem Glas bis auf die Promenade. *Passegiata Italia*

La Tavernetta
Ein Pub, wie er in den letzten Jahren unter den italienischen Jugendlichen großen Anklang findet. Direkt am Meer gelegen. *Via Gramsci 30*

U-Breche
Abends sehr beliebte Disko, tagsüber *Bar Gianni. Via Dante*

AUSKUNFT

IAT Informazione accoglienza turistica
Viale Gibb 26, Tel. 0182/64 03 46

ZIELE IN DER UMGEBUNG

Albenga (D 5)
Im altertümlichsten Ort der Riviera befindet sich der älteste erhaltene Bau Liguriens: die achteckige Taufkirche Battistero aus dem 5. Jahrhundert. Von dem nordöstlich gelegenen Ort kann man auch Bootsfahrten zur Insel *Gallinara* mit den Resten ihrer Benediktiner-Abtei machen. Am westlichen Ortsrand bei *San Giorgio di Campochiesa* gibt es eine Go-Kart-Piste für Kinder und Jugendliche. In einer alten Abtei mit Sonnenterrasse befindet sich das gute Fischrestaurant *Punta San Martino, Mo geschl., Punta San Martino, Tel. 0182/512 25. Kategorie 2*

Laiguéglia (D 5)
Eine drei Kilometer lange Strandpromenade führt von Alássio in westlicher Richtung bis an den zauberhaften Ort heran, in dem es den noch schöneren *budello* gibt. Die historische Gasse liegt parallel zur Promenade und ist Fußgängerzone. Am Strand steht der *Sarazenenturm* aus dem 16. Jahrhundert. Im Zentrum die *fonte del Faro*, eine radioaktive Mineralwasserquelle. Und in einem alten Palazzo im historischen Zentrum gibt es ein elegantes Restaurant: Im *Vascello Fantasma (Mo, Nov. und erste Hälfte*

Mai geschl., Via Dante 105, Tel. 0182/49 98 97, Kategorie 1) ißt man ortstypisch auf sehr hohem Niveau. Den fangfrischen Fisch bekommt die Wirtin jeden Morgen direkt von den Fischern geliefert.

BORDIGHERA

(**B 6**) Ein Hauch alten englischen Adels liegt über dem zweigeteilten Städtchen, weil die Engländer als erste Touristen sich sehr um den Ausbau Bordigheras bemüht haben. Und selbst am feinen Kiesstrand im Westen glaubt man, schon sehr bald auf eine Gruppe uniformierter Schüler aus Eton stoßen zu müssen. Der eine, der höher gelegene Teil der Stadt stammt aus dem Jahr 1471. Er ist von einer Stadtmauer umgeben, die drei Tore hat. Der untere Teil am Strand geht auf den Einsiedler Ampelio zurück, der auf dem Kap gelebt und in Ligurien die Palme eingeführt haben soll. Man sagt, er hätte den Samen von einer Reise nach Ägypten mitgebracht. Bis heute nennt man Bordighera deshalb auch die »Palmenkönigin«.

BESICHTIGUNGEN

Casa di Riposo Margherita di Savoya
Es ist der ehemalige Alterssitz der 1926 am selben Ort verstorbenen Exkönigin. Innen nicht zu besichtigen, aber von außen sehenswert. *Via Romana*

Sant'Ampelio
Zu Füßen der Altstadt am Strand steht die kleine Kirche an jenem Platz, wo der Eremit gleichen Namens 428 gestorben sein soll.

MUSEUM

Museo Bicknell
Der Engländer Clarence Bicknell erforschte als erster die sogenannten Ritzzeichnungen am Fuße des heute zu Frankreich gehörenden Berges Monte Bego. An seinem Fuß hinterließen bislang unbekannte Urmenschen

---

Der Baron in den Bäumen

»Cosimo war auf der Steineiche ... Während er sodann ständig danach Ausschau hielt, wo ein Ast unmittelbar neben den Ästen eines anderen Baumes herlief, wechselte er auf einen Johannisbrotbaum und danach auf einen Maulbeerbaum über. Auf diese Weise sah ich Cosimo von einem Ast zum anderen gelangen und gleichsam den Garten überqueren.« Mit diesem Wunsch eines Zwölfjährigen, fortan sein ganzes Leben nur noch in den Wipfeln der Wälder zu verbringen, beginnt das schönste Buch des Schriftstellers Italo Calvino, »Der Baron in den Bäumen«. Es liest sich gleichsam wie eine rasante Tarzan-Raserei durch Ligurien. Denn obwohl Calvino in Kuba geboren wurde (1923) und im toskanischen Siena starb (1985), gilt der Schriftsteller skurriler modernaltertümlicher Märchen, nicht nur weil er an der Italienischen Riviera, in San Remo, aufgewachsen ist und gerne gelebt hat, als einer der bedeutendsten Künstler des *arcobaleno*.

RIVIERA DI PONENTE

40 000 Kleinzeichnungen von Tiergespannen, Waffen und Menschen, die man nur im Sommer bei Schneeschmelze sehen kann. Im Museum gibt es vom Stein abgeriebene Zeichnungen, Karten und Bicknells Bibliothek zu sehen. *Mo–Fr 9–13 und 15 bis 18 Uhr, Via Romana 39*

RESTAURANTS

Chez Louis
Ja, schon ganz in der Nähe von Frankreich vermischt die Küche ligurische und provençalische Einflüsse. Hervorragend die *zuppetta di crostacei in crosta*, eine Krebssuppe mit Teigdeckel. *Di geschl., Corso Italia 30, Tel. 0184/26 16 02. Kategorie 1–2*

La Reserve Tastevin
Es gibt eine ligurische Besonderheit: den *cappone magro*, was magerer Kapaun heißt und so gar nichts mit einem Kapaun zu tun hat. Das ursprüngliche Fastengericht besteht aus einem kunstvoll aufgeschichteten Hügel aus verschiedenen Gemüsen, Eiern, Fisch und Krustentieren, über den eine Knoblauchsauce mit Sardellen, Pinienkernen und Kapern gegossen wird. *So-Abend, Mo (im Sommer offen) und Okt.–Dez. geschl., Sant' Ampelio, Via Arziglia 20, Tel. 0184/26 13 22. Kategorie 1*

La Via Romana
Meisterhaft feine, leichte Küche. *Mi geschl., Via Romana 57, Tel. 0184/26 66 81. Kategorie 1*

HOTELS

Grand Hotel del Mare
Wunderschön gelegenes Luxushotel mit hängenden Gärten und einem Swimmingpool, zwei Kilometer östlich der Stadt gelegen. *111 Zi., 14. Okt.–20. Dez. geschl., Via Portico della Punta 34, Tel. 0184/26 22 01, Fax 26 23 94. Kategorie 1*

Villa Elisa
Angenehm altmodische Herrschaftsvilla in einem Garten aus Oliven- und Mandarinenbäumen mit geräumigen Zimmern zu günstigen Preisen. *30 Zi., Via Romana 70, Tel. 0184/26 13 13, Fax 26 19 42. Kategorie 3*

Villaggio Turistico La Ruota Beach
Der einzige Campingplatz am Ort. *Via Madonna della Ruota 34, Tel. 0184/26 22 90*

AUSKUNFT

IAT Informazione accoglienza turistica
Via Roberto 1, Tel. 0184/26 23 22/23

ZIELE IN DER UMGEBUNG

Coldirodi (B 6)
Hier werden Rosen gezüchtet, die im späten Frühjahr und Sommer in voller Blüte stehen (10,5 km Richtung San Remo). Außerdem eine Gemäldesammlung (15.–19. Jh.): *Pinacoteca Rambaldi, Di, Do, Sa 15–18, Mi, Fr, So 9–12 Uhr, P.S. Sebastiano*

Ospedaletti (B 6)
Der fünf Kilometer entfernt liegende Ort ist bekannt für seine weiten Palmenwälder und subtropischen Gärten, in denen herrschaftliche Landsitze stehen. Man findet aber auch die häßlichsten Gewächshäuser.

Principato di Seborga (B 6)
Mittelalterliche Urkunden und spleeniger Eigensinn haben aus dem 10 km nordöstlich gelegenen Dorf ein »Fürstentum« gemacht, mit Seiner Hoheit Giorgio I., mit eigener Münzprägung und vergnüglichen Tanzabenden im Sommer. Unter der Kirche soll außerdem der berüchtigte Graf von Ventimiglia ruhen, von Emilio Salgari (1863–1911) als »Der schwarze Korsar« literarisch verewigt. Zum Abschluß: Kaninchenbraten in der *Hosteria del coniglio, Di geschl., Tel. 0184/ 22 38 20. Kategorie 2–3*

Tal des Wildbachs Sasso (B 6)
Die ein paar Kilometer nördlich gelegene Talmulde hat einen fast unwirklich anmutenden Wald aus Dattelpalmen mit großer Bedeutung. Der Vatikan in Rom fertigt aus den nicht ausgereiften Blättern die sogenannten *palmurelli* zu Palmsonntag und Ostern. Bordighera hat das traditionelle Vorrecht, diese Palmenblätter zu liefern, weil Papst Sixtus V. (1585–90), den man nicht zu Unrecht den »Eisernen Papst« nannte, beschlossen hatte, den Obelisken auf dem Petersplatz zu errichten, und ein Bürger

Baden und Sonnen an der Felsenküste bei Finale Ligure

RIVIERA DI PONENTE

Bordigheras, ein Seemann namens Bresca, hierfür einen beträchtlichen Kostenbeitrag spendete.

FINALE LIGURE

(**D 4**) Im wahrsten Sinn des Wortes ging es hier einst nicht weiter, war man am Ende. *Ad fines* nannten die alten Römer das Gebiet hinter dem Capo di Noli. Das heutige Finalese-Gebiet war für sie Grenzland, ja sogar Niemandsland. Dabei hat die Gegend eine viel längere Geschichte als die alten Römer: Es war nämlich Jagdrevier prähistorischer Höhlenmenschen. Heute besteht der Hauptort *Finale Ligure* mit seinen 13 400 Einwohnern aus drei Gemeinden, die sich 1927 zusammengeschlossen haben: *Finale Marina* mit seinem extrem breiten Strand aus feinem Sand, *Finalpia* im Osten mit einem schmalen Sandstrand und vielen Hotels und Pensionen sowie *Finalborgo* in Richtung Gebirge. Dort befindet sich auch der historische Ortskern mit den alten Mauern und dem einzigen Museum der Gegend.

BESICHTIGUNGEN

Finalborgo
Teile der alten Stadtmauer sind noch gut erhalten – etwa die *Porta Reale*, durch die man, von *Finale Marina* über die *Via Brunenghi* kommend, den historischen Stadtkern betritt. Beim Bummel durch ihn wird man eine Menge sehenswerter Paläste entdecken.

Finale Marina
In dem typischen Straßendorf gibt es viele sehenswerte Arkaden mit prachtvollen alten Stadthäusern – etwa an der heute zum Meer offenen *Piazza Vittorio Emanuele II* oder an der *Via Roma*.

Finalpia
Neben der *Kirche San Lorenzo Vecchio* hoch über der *Via Aurelia*, die man, von Genua kommend, gleich hinter dem Straßentunnel rechts über eine schmale Bergstraße erreicht, ist vor allem die *Abtei Santa Maria di Pia* an der Mündung des *Torrente Sciusa* besuchenswert. Das Kloster, in dessen Hauptaltar das Gemälde »Madonna mit Kind und Engeln« von Nicolò da Voltri aus dem frühen 15. Jh. eingelassen ist, wurde 1170 erstmals urkundlich erwähnt.

MUSEUM

Museo Civico del Finale
Das Museum mit Fundstücken zur Archäologie und Ethnologie Liguriens wartet auch mit Nachbildungen frühgeschichtlicher Gräber und Höhlen auf. Es ist im Obergeschoß des Konvents *Santa Catarina* untergebracht, dessen beide zweigeschossigen Kreuzgänge man ebenfalls besichtigen kann. *Im Winter 9–12 und 14.30 bis 16.30 Uhr, im Sommer 10–12 und 15–18 Uhr, feiertags 9–12, Mo und im Jan. geschl., Eintritt: 2500 Lit, Piazza Santa Catarina, Finalborgo*

RESTAURANT

Osteria della Briga
Ein rustikales, familiäres Gasthaus mit großem Garten und 60 Sitzplätzen unter einer Pergola. Inhaber Massimo Oddera kalku-

liert seine Preise durchaus günstig und schielt nicht auf die schnelle Lira. Vom offenen Grill gibt es *il tutto griglia*, einen abwechslungsreichen Grillteller. Und allein die Weinkarte mit Qualitätsgewächsen aus der Gegend wie etwa dem *Lumassina cru Mänie* von Galluzzo lohnt schon die Rast. *Im Sommer durchgehend geöffnet, im Winter Di und Mi geschl., 4 km außerhalb: Altopiano delle Mänie, Tel. 019/69 85 79. Kategorie 3*

HOTEL

Punta Est

★ Der Name sagt's: Am östlichsten Zipfel von *Finale Ligure* liegt dieses edel geführte Hotel. Es ist in einer Herrschaftsvilla aus dem 18. Jh. und einem modernen Neubau untergebracht. Das Punta Est liegt in einem schönen Park voller Pinien und Palmen, Bougainvilleen und Hibisken. Es duftet nach Rosmarin und Salbei. Zum Hotel gehören ein Privatstrand und eine Pianobar, von deren ausladender Terrasse man einen wunderbaren Ausblick hat. Abendessen wird nur Hausgästen serviert. *40 Zi., Okt.–Anf. Mai geschl., Via Aurelia 1, Tel./Fax 019/60 06 11-3. Kategorie 1*

AM ABEND

Il Covo

★ In-Diskothek an der *Via Aurelia, Richtung Albenga*. Dance-Music, Hiphop usw.

AUSKUNFT

IAT Informazione accoglienza turistica

17024 Via San Pietro 14, Tel. 019/69 25 81-2

ZIELE IN DER UMGEBUNG

Loano (D 4)

Obwohl der Strand ein wenig steinig ist, wird das 12 300-Einwohner-Städtchen gern besucht. Sehenswert sind die palmengesäumte Uferpromenade und die *Porta dell'Orologio*, der Uhrenturm aus dem Jahr 1774 *(Via Stella)*. Rustikal essen kann man in der *Osteria Bagatto (Mi und im Nov. geschl., Via Ricciardi 24, Tel. 019/67 58 44, Kategorie 2)*. Besonders empfehlenswert sind die Fischvorspeisen wie gefüllte Sardinen *(acciughe ripiene)* und marinierter Schwertfisch *(pesce spada marinato)*. Entfernung von Finale Ligure: 7,7 km in westlicher Richtung.

Pietra Ligure (D 4)

Hinter der Palmen-Promenade am Strand steigt die 5,7 km von Finale Ligure entfernte Altstadt als Fußgängerzone den Hang hinauf. Hervorragende Wassersportmöglichkeiten.

Toirano (D 4)

15 km von Finale Ligure entfernt, befindet sich in den Bergen die sogenannte Hexenhöhle *(grotta della strega)*. Die Tropfsteinhöhle kann *tgl. von 9 bis 12 und von 14 bis 19 Uhr* besichtigt werden. *Die Führung dauert etwa anderthalb Stunden*

Val Ponci (D 4)

In dem etwa 8 km östlich von Finale Ligure gelegenen Flußtal befinden sich fünf gut erhaltene römische Brücken. In Höhe der ersten liegt eine Steinzeithöhle mit prähistorischen Spuren, die man Feenhöhle *(caverna delle fate)* nennt.

RIVIERA DI PONENTE

Varigotti (**D–E 4**)
Gleich hinter dem Yachthafen von Finale Ligure kommt das 1000-Seelen-Dorf, in dem es neben etlichen Häusern im mediterran-arabischen Baustil vor allem ein Juwel für Feinschmecker gibt. ★Das *Ristorante Muraglia – Conchiglia d'Oro (Mi, im Winter auch Di und von Mitte Jan. bis Mitte Feb. geschl., Via Aurelia 133, Tel. 019/69 80 15, Kategorie 1)* ist vor allem für seine kunstvollen Fischgerichte bekannt. Inhaberin Maria Muraglia zeigt am Herd viel Einfallsreichtum. Deshalb gibt es so Ungewöhnliches wie Dorschravioli mit Pinienkernen *(ravioli di nasello ai pinoli)* oder Goldbrassen in grobem Salz *(orata al sale)*.

IMPERIA

(**C 6**) Das Schönste an der Provinz Imperia sind die weiten Täler im bergigen Oberland. Entlang der Flüsse Impero, Maro und Cervo erstrecken sich riesige Haine mit Olivenbäumen, die zu einem gewissen Reichtum Imperias beitragen. Denn in Imperia befinden sich bedeutende Unternehmen zur Herstellung von Olivenöl – genauer in Oneglia. Denn Imperia als Provinzhauptstadt gibt es erst seit 1923. Per Gesetz wurden die Gemeinden Oneglia und Porto Maurizio gezwungen, sich zusammenzuschließen, obwohl sie mehr trennte als nur der Fluß Impero, der zwischen ihren Gemeindegebieten ins Mittelmeer mündet. Jahrhundertelang hatten die beiden Orte sogar unterschiedlichen Machtblöcken angehört: In Porto Maurizio flirtete man während der napoleonischen Kriege mit den Revolutionären aus Paris; in Oneglia pflegte man als Vorposten Turins den Franzosenhaß. Heute wächst zusammen, was nicht zusammengehört.

BESICHTIGUNG

Für Oneglia: Fehlanzeige! Wenn man nicht gerade Interesse an den modernen Bauten der Petrochemie hat, die ebenso häßlich sind wie die Zweckbauten, in denen die Massenproduktion von Olivenöl stattfindet.

Der Dom von Imperia ist umgeben von malerischen Häusern

Dom San Maurizio
Die Kollegiatskirche liegt mitten in der Altstadt von Porto Maurizio. Sie gilt als eine der frühesten neoklassizistischen Kirchen Italiens. Am Vorabend der französischen Revolution hatte der Lombarde Gaetano Cantoni mit deutlicher Abneigung gegenüber dem schnörkeligen Rokoko rigoros geplant. Da bei Revolutionsbeginn die Bauarbei-

ten unterbrochen wurden, kam die Inneneinrichtung ebenfalls im Neoklassizismus des beginnenden 19. Jhs. hinzu.

RESTAURANTS

Für den gewissen Reichtum, den die Industrie in die Provinz bringt, spricht, daß sich allein in der 40 000-Einwohner-Stadt Imperia drei von den französischen Michelin-Testern mit einem Stern ausgezeichnete Restaurants halten können. Es gibt außerdem auch (besonders in der Altstadt von Porto Maurizio) einige preiswerte Trattorien mit familiär-rustikaler Küche für den kleineren Geldbeutel.

Beppa
Hier wird Fisch ordentlich und im Preis angemessen behandelt. *Di und im Nov. geschl., Via Doria 24, Oneglia, Tel. 0183/29 42 86. Kategorie 3*

Bistro 56
Als Pariserin bringt Küchenchefin Lucette Canna französische Finesse in die ligurische Regionalküche sowie französische Bistro-Atmosphäre. Die Theke von 1930 stammt aus einem Pariser Bistro. Lebhafter Treffpunkt zu Espresso, Wein, Cocktails, Imbiß und Abendessen bis in die Nacht *(14—2 Uhr geöffnet). Mo geschl., Viale Matteotti 56, Porto Maurizio, Tel. 0183/71 02 08. Kategorie 2—3*

Convivium
Schmackhafte Meeres- und Landküche, nette Atmosphäre, in der Altstadt. *So geschl., Porto Maurizio, V. Vecchie Carceri 19, Tel. 0183/617 80. Kategorie 3*

Laterna Blu da Tonino
Tonino Fiorillo, Ehemann der Besitzerin Lucia Caramagno, ist ein echter Neapolitaner. Und als solcher läßt er sich bisweilen, wenn der Abend im Restaurant gut verlaufen ist, überreden zu singen. Denn Tonino ist ausgebildeter Sänger, versteht aber genausoviel von Grappa und Zigarren. Seine Frau in der Küche gehört zu den Dessert-Königinnen. Ihr Waldbeerengelee *(gelatina di frutti di bosco)* ist wunderbar. *Di-Mittag, Mi und im Nov. geschl., Via Scarincio 32, Porto Maurizio, Tel. 0183/638 59. Kategorie 1*

AUSKUNFT

IAT Informazione accoglienza turistica
Viale Matteotti 22 und 54, Tel. 0183/29 49 47 und 607 30

ZIELE IN DER UMGEBUNG

Andora (D 5)
Der 16 km östlich von Imperia gelegene Ort entwickelt sich zu einem Ort der Pensionäre. Immer mehr Italiener, aber auch Langzeit-Touristen wählen hier ihren Alterssitz. Direkt am Meer befindet sich das *Restaurant Rocce di Pinamare (Mi und im Nov. geschl., Via Aurelia 39, Tel. 0182/852 23, Kategorie 2).* Es hat eine blumenumwachsene Terrasse.

Cervo (D 5)
Bougainvillea über schmiedeeisernen Pforten, ein Kastell, mittelalterliche Gassen und Treppen bis hinunter an die Küstenstraße, eine schöne Barockkirche sowie ein renommiertes Sommerfestival der Kammermusik ergeben eine der male-

RIVIERA DI PONENTE

rischsten Ortschaften (1300 Ew.) an der Ponente-Küste, dazu gehört auch eine der ältesten, schon in der Karolingerzeit wichtige Pilgerstation. *Auskunft: Tel. 0183/40 47 97*

Diano Marina (C 5)
Der von Deutschen bevorzugte Badeort hat einen feinen Sandstrand und die *passeggiata a mare*, eine einen Kilometer lange, von Pinien gesäumte Allee. Es gibt im Sommer regelmäßig Feuerwerke und Kurkonzerte, deren genauer Termin im Tourismusbüro zu erfragen ist. Im *Museo Civico* werden archäologische Funde gezeigt. Besichtigen kann man es nur nach vorheriger Vereinbarung mit der örtlichen *Informazione accoglienza turistica (Corso Garibaldi 60, Tel. 0183/49 69 56)*. Wohnen kann man im äußerst ruhigen *Hotel Gabriella (46 Zi., Via dei Gerani 9, Tel. 0183/ 40 31 31, Fax 40 50 55, Kategorie 2–3)*. Und dort, wo die vielen Touristen sind, ist selbstverständlich auch abends etwas los. Zwei Diskotheken sind besonders zu empfehlen: das *Belle Epoque (Via Agnese 3)* und das *Tango (Molo Landini)*.

Dolcedo (C 5)
Mit Dolcedo im Hinterland Imperias (7,5 km) beginnt mit über eine Million Olivenbäumen das beste ★ Olivenanbaugebiet Liguriens (ein feines, säurearmes Öl) – und damit für viele das beste überhaupt. Auch wenn sich moderne Preßmethoden durchgesetzt haben, finden sich immer noch einige Ölmühlen aus Steinrädern, *frantoio* genannt, die eine besonders schonende Kaltpressung ermöglichen. Einige der besten Öle bekommt man im jahrhundertealten *Frantoio Laura Mavaldi* im Bergort *Borgomaro, P. della Chiesa 1, Tel. 0183/ 540 31*, und in *Lucinasco*, von der EU zum drittschönsten Borgo Italiens auserkoren, im *Frantoio Dino Abbo, Via Roma, Tel. 0183/ 524 11*.

Vom »Hausberg« San Remos schweift der Blick über das Tal ins Meer

SAN REMO

(B 6) ★ In San Remo scheint die Sonne 2600 Stunden im Jahr. Damit rühmt sich das Schmuckstück an der Riviera di Ponente, das man auch dann besuchen sollte, wenn man die Mondänität des Ortes für den ganzen Urlaub nicht mag. Tatsächlich haben meteorologische Messungen ergeben, daß San Remo der Ort mit den meisten Sonnenstunden in Ligurien ist. Doch nicht nur das Klima lockt Touristen an, sondern auch die vier großen C: *casinò e cura, congresso e cultura;* also: Kasino und Kuren, Kongresse und Kultur. Weil dies so ist, hat – so sagt man – San Remo nur eine Saison, und die dauert ganze zwölf Monate im Jahr. Die Glitzerstraße *Via Matteotti* teilt San Remo: Zur *Via Nino Bixio* hin und in Richtung Meer findet man die moderne Neustadt mit den Treffpunkten der eleganten Welt; gegenüber liegt die *Pigna* genannte Altstadt. Im März ist San Remo Schauplatz des italienischen Schlagerfestivals, das in Eurovision ausgestrahlt wird und die Italiener für eine Woche wie kaum ein anderes Ereignis vor die Mattscheibe bannt.

BESICHTIGUNGEN

Giardino Regina Elena
☙ Der reizvolle Garten liegt oben in der Altstadt. Man erreicht ihn am besten zu Fuß über die *Piazza San Siro*, die *Via Debenedetti* und das folgende Gewirr von kleinen und kleinsten Gäßchen. Belohnt wird man für den Aufstieg mit einer herrlichen Aussicht auf das neue, mondäne San Remo.

Madonna della Costa
☙ Die Wallfahrtskirche aus dem 17. und 18. Jh. befindet sich gleich hinter dem Garten *Regina Elena*. Auch vom Vorplatz der Kirche, die eine sehenswerte Fassade hat, reicht der Blick bis aufs Meer hinaus.

Monte Bignone
☙ Auf den »Hausberg« *San Remos*, dessen Gipfel in 1299 m Höhe liegt, führt vom *Corso degli Inglesi* eine Seilbahn hinauf. Im Winter: Ski-Möglichkeiten.

MUSEUM

Museo Civico
Gezeigt werden Funde aus der Geschichte des Ortes, die bis zu einem Bischof Romolo im Mittelalter zurückreichen, der in der Pigna Menschen Zuflucht gab, die vor den brandschatzenden Sarazenen fortliefen. *Di–Sa 9–12.30 und 15–18.30 Uhr, So 9–12 Uhr, Via Matteotti 143*

RESTAURANTS

In San Remo ist alles noch mal ein bißchen teurer als anderswo an der Ponente und Levante. Daher gilt besonders hier der Rat: Wenn Ihnen ein fröhlicher Wirt mit vielen Worten sein *menù tradizione*, das oft genug tatsächlich schön altmodisch ist, anpreist, dann fragen Sie erst einmal nach dem Preis. Denn das zwingt ihn wenigstens dazu, sich später bei der Rechnung an ihn zu halten und nicht noch das Datum des Tages zu addieren.

Le Cantine sanreminesi
Gemüsetorten, Sardinenauflauf, gute, frische Hausmannskost. Im

RIVIERA DI PONENTE

Ein beliebter Treffpunkt ist der Strand von San Remo

Zentrum. *So geschl., V. Palazzo 7, Tel. 0184/57 20 63. Kategorie 3*

Da Giannino

❂ Besonders an Feiertagen und Samstagen stößt man hier auch auf Einheimische. Dann gibt es *cappone magro*, was ja wörtlich übersetzt magerer Kapaun heißt und bekanntlich mit dem Vogel nichts zu tun hat. Die inzwischen zu einer ligurischen Spezialität avancierte einstige Fastenspeise besteht hier aus Fischen, Krebsen, Gemüsen und allerlei Gewürzen. Der Eintopf wird mit einer wohlschmeckenden Ölsauce übergossen. Ein guter Tip ist auch die *zuppa di muscoli al timo*, die mit Thymian abgeschmeckte Miesmuschelsuppe. *So-Abend und Mo geschl., Lungomare Trento e Trieste 23, Tel. 0184/50 40 14. Kategorie 1*

Paolo e Barbara

Hier wird gern – und nicht gerade alltäglich – gekocht. *Mi und Do-Mittag geschl., Via Roma 47, Tel. 0184/53 16 53. Kategorie 1*

EINKAUFEN

Mercato dei fiori

Dort, wo die *Via Matteotti* in den *Corso Garibaldi* übergeht, befindet sich ein bunter und recht lebhafter Blumenmarkt. Er ist überdacht. *Geöffnet: werktags ab 10 Uhr*

HOTELS

Nike

Sehr ruhiges und schön gelegenes Hotel ohne Restaurant. *43 Zi., Ende Nov.–20. Dez. geschl., Via Asquasciati 37, Tel./Fax 0184/53 14 28. Kategorie 2*

Royal

Das Hotel der Extra-Klasse, einstige Nobelherberge des europäischen Hochadels, steht in einem 16 ha großen botanischen Garten mit sehenswertem Schwimmbad. In den Restaurants *Il Giardino* und *Corallina* werden zwischen *Juni und Sept.* zu stilvoller Orchestermusik unter freiem Himmel gegrillte Fischspezialitäten serviert.

148 Zi., Okt.–19. Dez. geschl., Corso Imperatrice 80, Tel. 0184/5391, Fax 661445. Kategorie 1*

Villa Mayfalda
In Nähe des Spielkasinos liegt diese zauberhafte Jugendstil-Villa, von der man einen herrlichen Blick auf San Remo hat. *57 Zi., 22. Okt.–22. Nov. geschl., Corso Nuvoloni 18, Tel. 0184/572572, Fax 572574. Kategorie 2–3*

Camping San Remo
Es gibt nur einen empfehlenswerten Campingplatz. *Ganzjährig geöffnet. Via Tiro a Volo 3, Tel. 0184/60635*

SPIEL UND SPORT

Fünf Kilometer nördlich von San Remo liegt der 18-Loch-Golfplatz *Gli Ulivi. Er kann ganzjährig bespielt werden; Mi ist er geschl. Tel. 0184/557093*

⚹ Ein Extremerlebnis im Sommer: Bungee-Springen von der 120 m hohen Brücke *Ponte di Loreto* bei *Molini di Triora*, 30 km landeinwärts. *Auskunft: IAT San Remo* oder *Jumping-Center, Mailand, Tel: 02/29403136*

AM ABEND

Cinema Sanremese
Ein richtig altes Kino mit reichen Stuckverzierungen. *Via Matteotti 200*

Cinema Tabari
Das Kino in blühendem Jugendstil aus dem Jahr 1929 ist noch schöner. Man sollte rechtzeitig vor der Vorstellung kommen, um es gebührend bewundern zu können. *Via Matteotti 107*

Spielkasino
Nicht weit vom Strand und Bahnhof entfernt, liegt es in einem winzigen Park. Es werden Roulette, Black Jack, Bakkarat und – bei genügend Mitspielern – Punte Banco gespielt. *Geöffnet ab 15 Uhr, Corso Imperatrice*

AUSKUNFT

IAT Informazione accoglienza turistica
Largo Nuvoloni 1, Tel. 0184/571571

ZIELE IN DER UMGEBUNG

Bussana Vecchia (B 6)
Ein von Künstlern und Handwerkern liebevoll wieder aufgebautes Dorf, das vor 100 Jahren ein Erdbeben zerstört hatte. Heute beliebtes Ausflugsziel (201 m, 8,5 km von San Remo).

Dolceacqua (B 6)
Die nordwestlich von San Remo gelegene malerische Festungsstadt mit der Ruine der alten Doria-Burg hat vor allem eine Anziehungskraft: In ihrer Umgebung wächst der beste ligurische Rotwein, der *Rossese di Dolceacqua*. Ein Einkaufs- und Ferientip 8 km weiter nördlich: das Weingut *Agriturismo Terre Bianche – Il Casone, Locanda Brioco Arcagna*, Ortsteil *Arcagna* bei *Rocchetta Nervina*. Feine Weine und Olivenöl, ein paar geschmackvolle Zimmer und ein gutes Restaurant *(Restaurant Mo und Di geschl., Tel. 0184/31230, Kategorie 3)*. Ach, und dies noch: In Dolceacqua hat der französische Impressionist Claude Monet nach seinen eigenen Angaben »die Freude am Malen wiederentdeckt«.

RIVIERA DI PONENTE

Versuchen Sie Ihr Glück im Spielkasino von San Remo

SAVONA

(**E 4**) Der fünftgrößte Hafen Italiens ist gleichzeitig der größte Kohle-Import-Hafen des Landes. Es wäre ein Fehler, an Savona vorbeizurauschen. Denn der historische Kern der Stadt, der erst aus der Zeit nach der verheerenden Zerstörung im Jahre 1542 durch Andrea Doria und die erzverfeindeten Genueser stammt, ist mehr als einen Blick wert. Die Altstadt liegt zwischen Hafen, *Via Paleocapa, Via Manzoni* und *Via Giuria*. Mit fast 80 000 Einwohnern ist Savona die drittgrößte Stadt Liguriens. Berühmt ist sie auch durch ihre Glas- und Majolikafabrikation.

BESICHTIGUNG

Duomo Santa Maria Assunta
Nach Plänen des Architekten Battista Sormano zwischen 1589 und 1605 errichtet, wurde der Bau in den folgenden Jahrhunderten immer wieder verschlimmbessert. Beachtlich allerdings sind einige Ausstattungsstücke aus dem 17. Jh. und selbstverständlich der *Domschatz*, dessen kostbarste Stücke seit 1982 linker Hand vom Chor gesondert verwahrt werden. Dazu gehören im ersten Raum die Himmelfahrt von Ludovico Brea (um 1500), das *Kreuzreliquiar* aus dem 13. Jh., die *Savonische Mostranz* und das *florentinische Altar-*

kreuz aus dem 15. Jh. in der Mitte des zweiten Raumes. *Geöffnet nach Rücksprache mit dem Küster, der ein Trinkgeld um die 3000 Lit erwartet — selbstverständlich für den Klingelbeutel. Piazza del Duomo*

MUSEEN

Pinacoteca Civica

★ Im *Palazzo del Carretto-Pavese-Pozzobonello*, dem Sitz des Stadtarchivs mit wertvollen Handschriften, Inkunabeln und Pergamenten, findet man dieses Museum. Die *Pinakothek* befindet sich im 3. Obergeschoß. Sie ist eine wahre Schatzkammer der Malerei Liguriens zwischen dem 14. und 18. Jh. und stellt damit alles in den Schatten, was man in Sachen Kunst an der Italienischen Riviera sehen kann. Besonders sehenswerte Stücke sind *Ludovico Breas Kreuzigung* im Saal 1, die *Madonna mit Kind* aus der Werkstatt von *Nicolò da Voltri* in Saal 2 und *Fra Gerolamo da Brescias Triptychon* in Saal 3. Saal 8, rechts vom Eingang, gibt einen Überblick über die Geschichte der Savoneser Porzellanherstellung. *Mo–Sa 8.30–12.30 Uhr, So und im Sept. geschl., Via Quarda Superiore 7*

Priamar

Die Festung, deren Name sich von dem Begriff *pietra sul mar* — »Stein über dem Meer« ableitet, liegt direkt an der See. Das etwas behäbige Bauwerk gilt als Meisterwerk der Festungsbaukunst des 16. Jhs. Schauplatz sommerlicher Veranstaltungen und Sitz mehrerer Museen: *Museo archeologico, Museo Renata Cuneo* (Skulpturen) und das *Museo d'Arte Moderna. Di–So 15–18 Uhr, Mo geschl., Corso Mazzini*

RESTAURANTS

In Savona gibt es keine herausragend empfehlenswerten Restaurants. Dafür ißt man in einigen Orten der Umgebung besonders gut. Ein Tip für Wagemutige: Im Markt *Mercato Coperto, V. Giuria/Corso Mazzini*, bekommt man morgens in der *Tripperia* heiße Kuttelbrühe, einst das Frühstück der Matrosen.

EINKAUFEN

Montags findet auf der *Piazza del Popolo*, einem großen, von riesigen Bäumen bestandenen Platz am Rande der Innenstadt, ein reichhaltiger Markt statt. Am ersten Samstag im Monat gibt es Antiquitäten auf den Straßen des Zentrums.

ÜBERNACHTUNG

Wer nicht unbedingt muß, wohnt nicht in Savona. Es sei denn, er stellt Zelt oder Wohnwagen auf einem der sieben (!) Campingplätze der Stadt auf. Auskunft erteilt das Tourismusbüro.

AUSKUNFT

IAT Informazione accoglienza turistica

Via Paleocapa 7–9, Tel. 019/82 05 22

ZIELE IN DER UMGEBUNG

Albisola Marina (E 3–4)

Der wegen seines feinsandigen Strandes gern besuchte Badeort wartet mit einer Besonderheit auf: ★ In der *Villa Faraggiana* befindet sich das *Museo della Cerami-*

RIVIERA DI PONENTE

ca, das Keramikmuseum. Es kann nur nach vorheriger Anmeldung bei *Casa Museo (V. Salomoni 117, Tel. 019/48 06 22 von April bis Sept.)* besichtigt werden, zeigt aber – beeindruckender als der Porzellansaal in der *Pinakothek von Savona* –, wie sich die Porzellanherstellung entwickelte. Das zieht zahlreiche Geschäfte mit Keramikhandwerk nach sich sowie das Kachelpflaster der *Passeggiata degli Artisti* am Meer. Es gibt etliche gute bis sehr gute Restaurants im Ort. Etwas außerhalb in *Albisola Superiore* findet man die Trattoria del Molino *(Di und im Okt. geschl., Ellera, Piazza Cairoli 1, Tel. 019/490 43, Kategorie 3)*, die insoweit bemerkenswert ist, daß sie, obwohl nur wenige Kilometer vom Meer entfernt, niemals Fischgerichte anbietet: dagegen Landwurst, Käse und vor allem Wild.

Celle Ligure (E 3)
Der ziemlich häßliche und touristische, allerdings auch kinderfreundliche Ort ist höchstens wegen seines Pinienhains im westlichen *Ortsteil Bottini* und wegen eines hervorragenden Restaurants einen Stopp wert: In der Villa Alta *(Di sowie im Jan. und Feb. geschl., Via Aurelia 1 A, Tel. 019/99 09 39, Kategorie 1)* kocht man mit französischem Akzent.

Cogoleto (E 3)
Der Ort auf halbem Weg zwischen Genua und Savona ist für den geschichtsbewußten Reisenden einen Halt wert, weil nach Ansicht von Historikern in der heutigen *Via Cristoforo Colombo 22* der spätere Amerika-Entdecker geboren wurde. Eine Gedenktafel weist darauf hin.

Mànie (D–E 4)
★ Die Hochebene südlich von Savona zwischen dem *Cap di Noli* und der Autobahn lädt zum Picknicken und Wandern ein. Sie erhebt sich 300 m über dem Meer und ist von knorrigen Eichen bestanden. Es wachsen wilde Blumen, Kräuter und Büsche.

Noli (E 4)
Im Mittelalter noch selbständiger Stadtstaat, gehört die Altstadt heute zu den besterhaltenen der ganzen Region. Mit *San Paragorio* am nordwestlichen Stadtrand hat Noli die wohl älteste *Basilika* aus der Zeit der Christianisierung. Und es gibt eine Reihe von Restaurants, in denen man köstlich speisen kann: beispielsweise das Albergo Italia *(Do geschl., Corso Italia 23, Tel. 019/74 89 71, Kategorie 2)* – die Suppe mit kleinen Tintenfischen und frischen Saubohnen *(buridda di seppiette con fave fresche)* ist ein Gedicht. Für süße Spezialitäten Liguriens ist die Konditorei *Pasticceria Scolvini, V. Colombo 3,* weithin bekannt.

Varazze (E 3)
Der Yachthafen, in dem es alle Wassersportmöglichkeiten gibt, ist sehr touristisch. Die Pfarrkirche *Sant'Ambrogio* mitten im Ort ist wegen ihrer Gemälde und Statuen besuchenswert. Aperçu am Rande: Von hier brach ein Lanzerotto Malucello auf und entdeckte mit dem nach ihm benannten Eiland die Kanarischen Inseln vor der Küste Afrikas.

VENTIMIGLIA

(B 6) Das Grenzstädtchen zu Frankreich teilt der Fluß Roja. Westlich liegt die Altstadt *città vecchia*; östlich findet man moderne Viertel mit Parkanlagen und breiten Straßen. Auf der Brücke über die Roja gibt es, außer am Markttag Freitag, Parkmöglichkeiten für Reisende, die Ventimiglia ein wenig zu Fuß erlaufen wollen. Das Wichtigste an Ventimiglia allerdings ist ein weltberühmter Garten, der zwischen Stadt und Staatsgrenze liegt: der *Giardino Hanbury*.

BESICHTIGUNGEN

Duomo Santa Maria Assunta
Am Platz des Domes gab es schon seit dem 9. Jh. eine Kirche. Ausgrabungen in den späten sechziger Jahren dieses Jhs. legten die Grundmauern des Vorgängerbaus frei. Seine endgültige Form bekam der Dom dann im 13. Jh. *Via del Capo*

Via Garibaldi
Die Hauptachse im Kern der Altstadt hinter dem Dom ist wegen der vielen mittelalterlichen Häuser sehenswert. Eines dieser Gebäude ist das *oratorio dei Neri*, das Oratorium der Nerianer aus dem Spätbarock mit Gemälden und Fresken von Francesco Carrega.

RESTAURANTS

Baia Beniamin
Das klassische und elegante Fischrestaurant (abends ist auch im Sommer eine Krawatte angebracht), das sechs km vom Ortskern entfernt liegt, wechselt täglich die Speisekarte. Wenn sie drauf ist, sollten Sie unbedingt die Torte mit kleinen Fischen (*sformato di gianchetti*) essen. Es gibt fünf schöne Zimmer im Haus, was häufig wichtig sein kann, weil die Weinkarte exzellent ist. *So-Abend, Mo und im Nov. geschl., Grimaldi Inferiore, Corso Europa 63, Tel. 0184/380 02. Kategorie 1*

Marco Polo
In dem familiär geführten Haus am Meer spricht man kein Deutsch. Wie man hier kocht? Ligurisch mit wunderbaren Zutaten aus dem Meer. Trotzdem hat die Küche manchmal fast einen fernöstlichen Einschlag – etwa beim fritierten Angeldorsch mit süßsaurer Sauce und fritierter Petersilie (*nasello fritto con salsa agrodolce e prezzemolo croccante*). *So-Abend, Mo und Mitte Jan.–Ende Feb. geschl., Passeggiata Felice Cavallotti, Tel. 0184/35 26 78. Kategorie 2*

EINKAUFEN

Freitags findet auf dem *Ponte Aurelia* bzw. *Ponte Roja* über dem Roja ein Wochenmarkt statt: Kleider, Schuhe, Leder- und Haushaltswaren und vieles mehr. Es kommen sogar Händler aus dem nahen Frankreich. *8–16.30 Uhr*

HOTELS

La Riserva
Das schönste Hotel (mit gutem Restaurant) liegt auf einem Bergrücken 5 km in Richtung Frankreich vom Zentrum Ventimiglias entfernt. ❖ Unterhalb der Burgruine von *Castel d'Appio* hat man von der Terrasse einen herrlichen Blick über das Meer. *25 Zi., Okt.–20. Dez. und 7. Jan. bis Ostern geschl., Castel d'Appio, Tel. 0184/22 95 33-4, Fax 22 97 12. Kategorie 2*

RIVIERA DI PONENTE

Roma
Das ist der bekannteste Campingpark unter 14 (!) Campingplätzen und Bungalowparks in und um Ventimiglia. *Nov.–Feb. geschl., Via Peglia 5, Tel. 0184/ 23 90 07*

AUSKUNFT

IAT Informazione accoglienza turistica
Via Cavour 61, Tel. 0184/35 11 83

ZIELE IN DER UMGEBUNG

Balzi Rossi (B 6)
Nicht nur den geschichtsinteressierten Besucher werden die durch Skelettfunde berühmt gewordenen sogenannten *Grimaldi-Grotten* beeindrucken. Zahllose Wandzeichnungen aus der mittleren und älteren Steinzeit vermitteln einen unverstellten Blick auf die Lebens- und Denkweise einer uralten Menschenrasse. Sehenswert ist darüber hinaus auch das *Museo preistorico dei Balzi Rossi (Frazione Balzi Rossi, tgl. 9–19 Uhr, Grotten bis eine Std. vor Sonnenuntergang, Tel. 0184/ 381 13)*. Am Fuß des roten Felsens gelegen, also in unmittelbarer Nähe der Funde aus der Zeit des Cro-Magnon-Menschen, gibt es ein (allerdings auch sehr teures) Feinschmeckerrestaurant: *Balzi Rossi (Mo, Di-Mittag und 1.–15. März sowie 6. Nov.–4. Dez. geschl., Frontiera S. Ludovico, Via Balzi Rossi 2, Tel. 0184/ 381 32, Kategorie 1).*

Giardino Botanico Hanbury (B 6)
★ Ziemlich nahe an der Grenze zu Frankreich, in *La Mortola*, befindet sich dieser einmalige Garten, der mit Abstand der schön-

Hier, inmitten seiner exotischen Pflanzen, pflegte Sir Hanbury der Ruhe

ste und artenreichste an der ganzen Italienischen Riviera ist. 1867 erwarb der Engländer Sir Thomas Hanbury hier einen Olivenhain aus dem Besitz einer ligurischen Familie. Mit seinem Bruder Daniel und dem deutschen Gärtner Ludwig Winter verwandelte Sir Thomas das von der alten *Via Aurelia* durchschnittene Gelände in einen Park mit üppiger Vegetation. Die ungefähr 5000 Pflanzenarten in diesem Garten sind beschriftet. Ein Tip: Schöner noch als im Sommer kann man den Hanbury-Park im ausgehenden Frühjahr erkunden. *Okt.–März Do–Di 10–16 Uhr, Mi geschl., April–Mitte Juni Do–Di 10–17 Uhr, Mi geschl., Mitte Juni–Sept. tgl. 9–18 Uhr, Via Aurelia*

RIVIERA DI LEVANTE

An der Küste der schroffen Felsen

In den Buchten zwischen Recco und Lérici gibt es die schönsten Yachthäfen — nur Badestrände gibt es kaum

Eigentlich beginnt die Levante, also der östliche Teil der Italienischen Riviera, gleich in Nervi. Doch der traditionsreiche Ort, von dem einst der Nationalheld Garibaldi mit seinen tausend Mann gegen Sizilien zog, um Italien zu einen, ist längst von Genua eingemeindet. Deshalb, und weil man wohl auch erst ein Stück Straße hinter sich und den Großstadt-Dunst gebracht haben muß, fängt die Levante auch erst bei Recco und Camogli kurz vor der Halbinsel von Portofino an, schön zu werden.

Schön — das ist ein abgegriffenes, viel zu häufig benutztes Wort. Doch für die Levante gilt es in altem Glanz. Denn schön ist vieles an diesem Landstrich, von dem die Tourismusmanager immer noch nicht so recht wissen, wie sie ihn in den Griff kriegen sollen. Der Individualreisende weiß das zu schätzen.

Was also ist denn so schön an der Levante? Vor allem: der Blick – der Blick, wann immer sich die Straße wieder aus dem bergigen Landesinneren zum Tyrrhenischen Meer hin öffnet. In einem weiten Teil der Levante führt die altehrwürdige Küstenstraße *Via Aurelia* nämlich ausnahmsweise nicht am Meer entlang.

Das führt zu den nächsten schönen Eindrücken: ausgedehnte Hochfelder, auf denen es im Sommer grünt und blüht; mächtige Olivenhaine, in denen es sich schattig rasten läßt; urige Trattorien, in denen gegessen wird, was auf den Tisch kommt — und das ist meist von erdverbundener Großartigkeit.

Schön an der Levante sind aber auch die Yachthäfen in den kleinen und großen Buchten. Segler aus aller Herren Länder laufen die Marinas an, wie dieser typische Siedlungstyp mit den bis ans Meer drängenden Häusern, den Fischern und ihren Märkten, den Schiffszubehörbetrieben auch genannt wird.

Was des einen Nachtigall ist, ist dem anderen bekanntlich Eule: Badeurlauber finden in den malerischen Buchten nur wenige, dazu noch schmale und grob-

Zu Fuß oder mit der Bahn zu erobern: Cinqueterre

kieselige Strände. Und wem es nicht liegt, von Felsvorsprüngen ins Meer zu springen, der findet an der Levante mehr Badeanstalten als an der Ponente. Im Italienischen heißen sie *stabilimento balneare*.

CAMOGLI

(**H 3**) Der Name der Bucht, an der Camogli liegt, sagt schon alles: *Golfo Paradiso*. Paradiesisches hat dieses malerische Fischerstädtchen nämlich wirklich. Besonders im Licht der untergehenden Sonne legt sich ein gelbgoldener Schimmer über die Fischerhäuser, von denen die ersten gleich am Hafenplatz, der *Piazza Colombo*, stehen. Da das Land gleich hinter den Häusern anzusteigen beginnt, haben die Gebäude eine Eigenart – und zwar zwei Eingangstüren, eine auf Meeresniveau zum Hafenplatz hin und eine im zweiten oder dritten Stock auf der Rückseite. Und noch etwas Eigenartiges schmückt die Camogli-Häuser: falsche Fenster. Sie sind dort auf die Mauern gemalt, wo ihre Bewohner sie von außen hübsch und von innen nicht praktisch fanden.

Historisch gesehen war Camogli viele Jahrhunderte lang ein seemächtiger Platz, der Kaufleute und Händler von überall her zu Geschäften anzog. Eine Zahl mag dies verdeutlichen: Mitte des 19. Jahrhunderts gaben 700 hochseetüchtige Handelsschiffe Camogli als Heimathafen an (zum Vergleich: Im Hanse-Hafen Hamburg waren es nur 450).

BESICHTIGUNG

Castello Dragone
In der Ruine der 1460 zerstörten Burg am kleinen Kap direkt am Hafenrund befindet sich das

MARCO POLO TIPS FÜR RIVIERA DI LEVANTE

1 Die Mündung der Entella
Flußtäler bei Chiávari, die zum Rasten einladen (Seite 60)

2 Zoagli
Schauen Sie mal nach, wie heute noch Samt und Seide mit der Hand gemacht werden (Seite 62)

3 Cinqueterre
Fünf Dörfer leben in einer anderen Welt und bezaubern (Seite 62–65)

4 Santa Maria Assunta
In der völlig zerstörten Stadt La Spezia behauptet sich eine herrliche Kathedrale (Seite 66)

5 Museo Civico Archeologico
Wo man in La Spezia den Stolz der Ligurer begreift (Seite 66)

6 Trattoria al Negrao
Eine reelle Regionalküche wie bei Muttern, die nicht viel kostet – eine Seltenheit in ganz Ligurien (Seite 67)

7 Portofino
Verlieren Sie Ihr Herz nicht dort, aber der Blick ist schon einen Abstecher wert (Seite 70 f.)

RIVIERA DI LEVANTE

Charmant und verträumt: Camogli

Acquario Tirrenico, in dem alle Fischarten gezeigt werden, die man noch im Tyrrhenischen Meer finden kann. *10–12 und 14–17.45 Uhr (im Winter: 14–18 Uhr), Piazza Colombo*

MUSEUM

Museo Marinaro
Über die Schiffahrtsgeschichte gibt das *Marinemuseum* Auskunft. Es liegt neben der Schiffahrtsakademie, die seit 1874 Matrosen ausbildet. *Mo, Do, Fr 9–12 Uhr, Mi, Sa, So 9–11.45 und 15–17.45 Uhr, V. Gio Bono Ferrari 41*

RESTAURANTS

In allen Restaurants am Hafen gibt es frischen Fisch, der auf Wunsch gegrillt oder fritiert wird. Lassen Sie sich die wirklich fangfrischen Sorten vor der Zubereitung zeigen, damit Sie vor unangenehmen Überraschungen sicher sind!

Vento Ariel
Hier hat man das Kochen mit Tintenfischen zur Kunst erhoben. Großartig: die Sepienpastete *(paté di seppie). Mi und im Feb. geschl., Calata Porto 1, Tel. 0185/ 77 10 80. Kategorie 1*

HOTELS

Casmona
Kleines Hotel, direkt am Meer gelegen, das ganzjährig geöffnet hat. *28 Zi., Salita Pineto 13, Tel. 0185/77 00 15, Fax 77 50 30. Kategorie 2–3*

Cenobio dei Dogi
Das »Dogen-Kloster« ist ein Hotel der Luxusklasse mit Terrasse und Park zum Meer hin. *110 Zi., 7. Jan. bis 28. Feb. geschl., Via Cuneo 34, Tel. 0185/77 00 41, Fax 77 27 96. Kategorie 1*

AUSKUNFT

IAT Informazione accoglienza turistica
Via XX Settembre 33, Tel. 0185/ 77 10 66

ZIELE IN DER UMGEBUNG

Recco (H 3)
Bekannt ist das kleine, (von Genua kommend) kurz vor Camogli liegende Fischerstädtchen wegen seiner Kirchturmuhren-Herstellung und wegen seiner guten Restaurants, von denen wir zwei besonders hervorheben möchten. Das *Da Vittorio (Do und Mitte Nov.–Mitte Dez. geschl., Via Roma 160, Tel. 0185/740 29, Kategorie 1)* gilt bei Restaurantkritikern als »Bastion ligurischer Kochkunst«. Es gibt vorzügliche Pfannkuchen mit Borretsch *(frit-*

telle alla borraggine). Im *Manuelina (Mi, in der zweiten Julihälfte und Mitte Jan.–Mitte Feb. geschl., Via Roma 278, Tel. 0185/741 28, Kategorie 1, Kategorie 3 in der preiswerten Focacceria, Di geschl.)* wurden die für Ligurien berühmten Hefeteigfladen mit Käse *(focaccia al formaggio)* erfunden. Recco hat einen ordentlichen Campingplatz: *Camping Zanin, Via Marconi.*

Torriglia (H 3)
Der Luftkurort liegt 47 km nördlich von Recco in den Bergen in der Nähe des malerischen Flusses Trébbia und des Lago di Brugneto, der einer der größten Seen Liguriens ist. Am Ortsrand sind die Ruinen einer mächtigen mittelalterlichen Burg sehenswert.

Uscio (H 3)
Elf Kilometer weiter nördlich in die Berge hinein liegt dieser Luftkurort, der ebenfalls für seine Kirchturmuhren-Herstellung bekannt ist. Im Ort gibt es eine dieser levantinischen Berg-Trattorien, von denen eingangs dieses Kapitels die Rede war. Im Grünen gelegen, bietet *Chiapparino (Do geschl., Via Colle Caprile 35, Tel. 0185/912 79, Kategorie 3)* ligurische Hausmannskost vom Feinsten: gefülltes Gemüse *(verdure ripiene)*, gefülltes Kalb *(cime alla genovese)* und Suppenhuhn *(pollo in brodo)*. Man sollte sich unbedingt den Landessitten anpassen und auch wirklich das essen, was gerade auf den Tisch kommt. Wer sich gern überraschen läßt, wird reichlich belohnt. Dazu gibt es eine kleine Auswahl hervorragender Piemonteser Weine.

CHIÁVARI

(**I 4**) Der Name der Stadt bedeutet »Schlüssel der Täler«. Tatsächlich laufen vor Chiávari die drei Apennin-Flüsse Graveglia, Lavagna und Sturla zusammen und bilden gemeinsam die Entella, die zwischen der Stadt und dem Nachbarort Lavagna ins Meer mündet. ★ Die nahen Flußtäler sind es denn auch, die immer wieder Reisende anlocken, denn sie gehören zum Schönsten, was die Italienische Riviera zu bieten hat. Bei aller Attraktion sind sie wegen ihrer Länge trotzdem nicht überlaufen. An den hohen Hängen gibt es unzählige Olivenhaine. Das Geschäft mit dem Olivenöl ist wichtig für die Region. Deshalb heißt der Orden der Stadt auch *oliva d'oro*, die Goldene Olive.

MUSEEN

Palazzo Rocca
Der Palast am Fuße des mittelalterlichen Kastells hat einen heute öffentlichen Park. Im Inneren findet man seit 1982 das *Civico Museo Archeologico*, in dem man Funde aus vorrömischer Zeit besichtigen kann. *Di–Sa 9–13.15 Uhr, jeden 2. und 4. So 14–19.30 Uhr, Via Costaguta*

Palazzo Torriglia
In dem Barockpalast, in dem auch das Fremdenverkehrsamt seinen Sitz hat (das Informationsbüro befindet sich woanders, siehe Auskunft), gibt es eine sehenswerte *Pinakothek* mit Gemälden italienischer Maler des 17. Jahrhunderts. *Mo–Fr 9–12 und 15.30–18 Uhr, Sa 9–12 Uhr, Piazza Mazzini 1*

RIVIERA DI LEVANTE

> **Der schöne Schleichweg**
>
> Eine schöne Straße führt als Höhenweg durch die ligurischen Berge. Ihr Name: *via alta*, die hohe Straße. Sie reicht von Ventimiglia im Westen an der französischen Grenze bis nach Ceparana, ein paar Kilometer nördlich von La Spezia. Die Länge der Route, die dem Gebirgskamm der ligurischen Alpen folgt, beträgt 440 Kilometer. Man kann die »Hohe Straße« auch erwandern. Das Informationszentrum des ligurischen Handelstages hat — auch in deutsch — einen informativen Wanderführer mit 44 Tagesabschnitten zu je zehn km Länge herausgegeben, der bei den Fremdenverkehrsämtern erhältlich ist.

RESTAURANTS

Luchin
In der Altstadt von Chiávari, kleine Trattoria mit lokalen Spezialitäten, ein durchaus gelungenes Kontrastprogramm zur Touristenabfertigung. *So geschl., Via Bighetti 51/53, Tel. 0185/ 30 10 63. Kategorie 3*

Piccolo
Der einstige Weinausschank hat sich zu einem guten Restaurant entwickelt. Fragen Sie unbedingt nach den Spezialitäten des Hauses! *Di geschl., Via Bontà 22, Tel. 0185/30 64 98. Kategorie 2*

EINKAUFEN

Chiávari ist berühmt für seine Stühle aus Buchenholz und Stroh. Sie eignen sich auch als Gartenmöbel. In vielen Geschäften und sogar am Straßenrand vor kleinen Familienbetrieben werden sie angeboten. Die Größe bestimmt den Preis, denn es gibt auch niedliche Kinderhokker. Nicht versäumen: Die beste Weinhandlung der Levante mit dem seltenen Dessertwein *Passito di Lerici* ist die *Enoteca Bisson, Corso Gianelli 28 r.*

HOTEL

Moderno
Kleines, ordentliches Hotel mit einem Restaurant, in dem man noch ein Menü für unter 20 000 Lit bekommen kann. *45 Zi., Piazza Nostra Signora dell'Orto 26, Tel. 0185/30 55 71, Fax 32 00 50. Kategorie 3*

AUSKUNFT

IAT Informazione accoglienza turistica
Corso Assarotti 1, Tel. 0185/ 31 02 41

ZIELE IN DER UMGEBUNG

Cavi (I 4)
Der fünf Kilometer von Chiávari entfernte, südliche Ort ist ein Seebad mit einem feinsandigen Strand, der sich bis nach Lavagna erstreckt. Im *A Cantinn-A* (Di und im Nov. geschl., Via Torrente Barassi 8, Tel. 0185/39 03 94, Kategorie 2) bekommt man die sehr seltene *capponadda*, eine Vorspeise: Schiffszwieback wird mit Knoblauch und Essigwasser bestrichen. Darauf wird ein Salat aus Thunfisch, getrocknetem Fischrogen, harten Eiern, Paprika, To-

maten, Gurken und Olivenöl geschichtet.

Cogorno (I 4)
Von dem Städtchen nördlich von *Cavi* und *Lavagna* hat man einen schönen Blick auf diese Doppelstadt, den Fluß Entella und seine Mündung und auf sanft ansteigende Terrassen mit knorrigen Olivenbäumen.

Lavagna (I 4)
Der Ortsname leitet sich von den nahen Schiefer-Brüchen ab. Lavagna ist mit Cavi und dem noch weiter südlich gelegenen Sestri Levante durch einen Sandstrand verbunden, an dem man zwischen den Ortschaften durchaus ein freies Plätzchen bekommen kann.

Léivi (I 3)
Hier, 8,5 Kilometer von Chiávari entfernt, findet sich das beste Restaurant der näheren Umgebung.
Das *Ristorante Ca'Peo (Mo, Di-Mittag und im Nov. geschl., Via dei Caduti 80, Tel. 0185/31 96 96, Kategorie 1)* ist in einem ehemaligen Bauernhaus untergebracht. Durch die Fenster hat man einen herrlichen Blick auf Stadt und Meer (auch fünf Apartments zu mieten). Zu den besten Weinen, die man in Ligurien auftreiben kann, gibt es Ungewöhnliches zu essen: etwa gefüllten Lattich in Fleischbrühe *(lattughe ripiene in brodo)*.

Madonna delle Grazie (I 4)
Drei Kilometer von Chiávari entfernt, gleich hinter dem ersten Straßentunnel Richtung Genua, liegt die *Wallfahrtskirche* auf einem Hügel, der den Aufstieg schon wegen des schönen Blickes nach Süden und Norden lohnt. Sehenswert im Innern der Kirche ist das Bild eines Unbekannten von der Leidensprozession Jesu Christi. Von vorn zeigt es den bekannten Erlöser mit Dornenkrone und Geißelwunden; von hinten (!) sieht man den zerfetzten Rücken.

San Salvatore dei Fieschi (I 4)
Drei Kilometer nördlich von Chiávari erhebt sich auf einer Anhöhe die *Basilica dei Fieschi*, eine sehenswerte, von Ottobono Fiesco gegründete Familienkirche, die von außen äußerst eindrucksvoll ist.

Zoagli (I 3–4)
★ Der Ort auf gut halbem Weg zwischen Chiávari und Rapallo ist bekannt für seinen Samt und seinen Seidendamast. Die Stoffe entstehen noch in mühevoller Handarbeit an Holzwebstühlen. Mit Glück darf man in einer der Werkstätten zuschauen. Vielleicht versuchen Sie es mal bei *Giuseppe Gaggioli* in der *Via Liggia 1 (Abzweigung auf der Höhe der Via Aurelia 208), Tel. 0185/ 25 90 57*

CINQUETERRE

(K 4–5) ★ Das Ganze ist eine Sache des Ehrgeizes: Man kann die fünf wunderbaren Dörfer der Cinqueterre von Klippe zu Klippe und von Fels zu Fels in gut und gern fünf, sechs, sieben Stunden auf Schusters Rappen erwandern; man darf aber auch den kleinen Zug nehmen, der *Monterosso al Mare, Vernazza, Corniglia, Manarola* und *Riomaggiore* miteinander verbindet. Das dauert dann nur, steigt man zwi-

RIVIERA DI LEVANTE

schendurch nicht aus, eine knappe Viertelstunde.

Allerdings sollte man aussteigen. Das Erlebnis dieser fünf Dörfer gehört nun wirklich zum Schönsten, was man in Ligurien erfahren kann – wenn man ein paar Dinge beachtet.

Fahren Sie beispielsweise nicht mit Ihrem Auto auf einer der Stichstraßen, die es für die Einheimischen von der *Via Aurelia* hinunter an die einzelnen Orte heran gibt. Sie werden sich ärgern, weil es kaum Parkplätze gibt. Die stehen in ausreichender Menge am Anfang der Cinqueterre in Monterosso oder in den Parkhäusern am anderen Ende zur Verfügung. Die Dörfer selbst verbindet Gott sei Dank noch keine Straße.

Der zweite Tip: Wenn Sie es einrichten können, besuchen Sie die Cinqueterre früh am Morgen, dann, wenn auch die Einheimischen ihren morgendlichen Caffè nehmen, oder am Abend, wenn Sie von einer der ❋ Kaimauern das Spektakel des Sonnenuntergangs weit im Westen über dem Meer beobachten können. Der Grund? Um die Mittagszeit ist vor allem in der Hauptsaison mit Sicherheit ein Schwarm von Tagestouristen über die kleinen Dörfer hergefallen. Sie werden mit – Venedig und der Markusplatz am Mittag lassen grüßen – Hunderten von Bussen herangekarrt. Auf einen Einheimischen kommen dann bis zu 15 Besucher.

Wer abends und vielleicht auch über Nacht bleibt, wird seine eigenen Vorlieben finden. Doch: Irgendwie sind die fünf Dörfer immer zusammen. Sie bilden eine Einheit als Küstenformation, die man im übrigen auch besonders gut von einem Boot von See aus betrachten kann, als ein – wie die Geologen sagen – »Lehrstück für die komplizierte Zusammensetzung der ligurischen Abdachung in flachen Stufen und foraminiferen Mergelkalken«. Vom Wissen-

Corniglia – eines der fünf Cinqueterre-Dörfer

schaftston befreit, heißt das: An keiner anderen Stelle der Italienischen Riviera kann man heute noch so genau beobachten, wie sich das Gebirge den Fluten des Meeres ergeben hat.

BESICHTIGUNGEN

Nun, der Kunst wegen fährt niemand in die Cinqueterre. Besichtigenswert ist halt die ganze Dörfergruppe mit verschwiegenen Gäßchen und lauschigen Plätzen. Das lockt auch immer wieder Liebespärchen in die Gegend, denen im Ort Manarola sogar die Strandpromenade gewidmet ist, die nach einem Erdrutsch aber derzeit nicht betreten werden kann: Sie heißt Via dell'Amore. Es gibt zwei sehenswerte Kirchen in *Monterosso al Mare*.

Franziskanerkirche
Sie wurde 1686 gebaut. Am spannendsten ist das Gemälde *Kreuzigung*, das van Dyck zugeschrieben wird.

San Giovanni Battista
Sie ragt unter den einfachen gotischen Pfarrkirchen der anderen Cinqueterre-Gemeinden wegen ihrer Fassade heraus. An ihr prangt eine Rose, die aus weißglänzendem Marmor angefertigt wurde.

RESTAURANTS

Es gibt – schon wegen der vielen Tagestouristen jede Menge Trattorien. Man sollte allerdings ein wenig nach der richtigen Einkehr suchen, will man nicht mit einem Schnellmenü abgespeist werden. Da in den Bergen hinter den Dörfern herber Wein gedeiht, kann man getrost die offenen trinken: Sie heißen *Cinqueterre* und *Vernazza* – und man hat immer einen Hauch salziger Meeresluft mit auf der Zunge.

Marina Piccola
Das vielleicht beste Restaurant in der Cinqueterre. Man bekommt ligurische Küche zu einem erstaunlich erschwinglichen Preis vorgesetzt. Ungewöhnlich sind die Sardinen im Steinguttopf *(acciughe in tegame)*. Tischbestellung ist angebracht, erst recht, wenn man auf der zauberhaften Terrasse sitzen möchte. *Do und 10. Jan.–8. Feb. geschl., Manarola, Via Discovolo 38, Tel. 0187/92 01 03. Kategorie 2*

HOTELS

Obwohl eine Nacht in der Cinqueterre lohnenswert ist, weil man mit den Einwohnern einen ruhigen Abend und einen noch vom Tagestourismus verschonten Morgen verbringen kann, gibt es nur wenige gute Hotels. Ein kleines, dennoch feines findet sich in Manarola.

Marina Piccola
Das Haus wird ruhig geführt. Hunde sind verboten. Es gibt ein kleines Restaurant mit Terrasse. Zimmer müssen in der Hauptsaison unbedingt vorbestellt werden. *9 Zi., Jan. geschl., Manarola, Tel. 0187/92 01 03, Fax 92 09 66. Kategorie 3*

AUSKUNFT

IAT Informazione accoglienza turistica
Lévanto, Piazza Colombo 12, Tel. 0187/80 81 25 und 80 71 75

RIVIERA DI LEVANTE

ZIELE IN DER UMGEBUNG

Brugnato (K 4)

Das gut 40 Kilometer entfernte, noch jenseits der *Via Aurelia* gelegene Dorf hat einen kreisförmigen Grundriß. Es stammt aus der Zeit der alten Römer. Die mehrfach umgebaute *Pfarrkirche* wurde in den fünfziger Jahren dieses Jahrhunderts sorgfältig restauriert, so daß der karge Charakter der Fassade wieder so wirkt, wie die Mönche es beim Bau im 11. und 12. Jahrhundert gemeint haben müssen. Bei den Bäckern des Ortes gibt es eine Spezialität, an der Sie auf keinen Fall vorübergehen sollten: *canestrelli*, das sind süße Brezeln.

Lévanto (K 4)

In der antiken Seefahrerstadt kann man dennoch ganz modern Unterwassersport betreiben. Von der ursprünglich mit sieben Türmen bewehrten Stadtmauer des mitten in abfallenden Hügeln gelegenen Ortes steht nur noch die *Torre dell'Orologio*, der Uhrenturm. Wer deftig und regional essen mag, fragt in den Trattorien (oder Schlachtereien) nach der heimischen Spezialität *berodi*, pikant gewürzten Blutwürsten.

LA SPEZIA

(K 5) Die Provinzhauptstadt – hinter Genua zweitgrößte Stadt Liguriens – habe, befand der große Korse, Kriegsstratege und Kaiser Napoleon, »den schönsten Hafen der Welt«: »Seine Reede ist besser als die von Toulon, und seine Verteidigung, sei es zu Wasser oder zu Lande, ist einfach!« Das hat der Stadt geschadet. Weil die Italiener die strategische Bedeutung der Stadt ähnlich wie Napoleon sahen und sie zum wichtigsten Marinehafen des Landes machten, wurden große Teile La Spezias im Ersten und Zweiten Weltkrieg zerstört.

Nach dem Wiederaufbau entstand eine moderne Stadt mit breiten Alleen und Straßen, die in einigen Vierteln fast wie auf einem Schachbrett angeordnet sind. Heute ist die über 100 000 Einwohner beherbergende Stadt ein wichtiges Handels- und Industriezentrum. Und, als wichtiger Außenposten des Vatikans, Bischofssitz. Was gottgewollt sein muß, denn die verheerenden Zerstörungen des historischen Kerns verschonten das geistliche Zentrum: die aufregende Kathedrale *Santa Maria Assunta*.

Feiern, bis es kracht

La Spezia, der südlichste Hauptort an der Italienischen Riviera, feiert im Sommer gleich zwei krachende Feste. Zu Ehren von San Giacomo, dem Schutzpatron der Fischer, gibt es zwischen dem 23. und 25. Juli gewaltige Feuerwerke auf dem Meer und einen nächtlichen Bootsfackelzug vor der Küste. Zwölf Tage später gibt es dort den *palio del golfo*, einen Wettkampf zwischen den Rudermannschaften der einzelnen Stadtviertel, den Kostümumzüge, Musikdarbietungen und wieder ein Feuerwerk begleiten. Auskünfte erteilt das Fremdenverkehrsamt (0039/187/36000).

BESICHTIGUNGEN

Arsenal

Neben dem Stadtpark befindet sich der Eingang zum bedeutendsten Marinegelände Italiens. Auf 90 ha Fläche ist für die Seeleute der italienischen Kriegsmarine ein eigener Stadtteil entstanden. Für die Öffentlichkeit besteht die Möglichkeit, das auf dem Gelände befindliche *Museo Tecnico Navale* zu besuchen. *Di, Mi, Do und Sa 9—12 und 14—18 Uhr, So 8.30—13.15, Mo und Fr 14—18 Uhr, Eintritt: 2000 Lit, Viale Amendola*

Castello di San Giorgio

✸ Vom Vorplatz der 1371 von der Familie Fieschi erbauten Burg genießt man einen Rundblick über den von drei Seiten geschützten Golf von La Spezia. Das Castello hatte eine wechselvolle Geschichte. Nicht einmal 100 Jahre nachdem Nicolò Fieschi es erbaut hatte, zerstörten die Genuesen es, nahmen es ein und bauten es wieder auf. Die nächsten Stationen: 1365 von den Visconti zerstört, 1371 von Genua wieder aufgebaut, 1605 erneuert, 1840 vom sardischen Königshaus Savoyen übernommen. Über eine Treppe von der *Via XX Settembre* zu erreichen.

Santa Maria Assunta

★ Die fünfschiffige Kathedrale wurde seit 1271 errichtet und im 15. Jh. mehrfach umgebaut. Im Jahre 1954 erhielt sie eine moderne Fassade aus Streifenquadern. Aus dem Spätmittelalter sind noch Teile des Turmes und des Chores erhalten. Besondere Beachtung haben zwei Gemälde im rechten Außenschiff verdient: Luca Cambiasos *Martyrium des Filippo Bartolomeo* und Aurelio Lomis *Der Heilige Diego heilt einen Blinden*. Im linken Seitenschiff steht Andrea della Robbias Terrakottagruppe *Marienkrönung. Piazza Beverini*

MUSEUM

Museo Civico Archeologico

★ Hier finden sich zahlreiche prähistorische Funde aus dem ligurischen Grenzland, der Lunigiana. Das sind die berühmten Stelen (und andere Funde aus Luni, der ehemaligen Hauptstadt der Lunigiana, darunter eine Porträtbüste des Augustus). Beim Blick auf die Stelen, diese teils primitiven, teils auch verzierten Steinbüsten, ahnt man, welches Selbstbewußtsein die Lunigianer und später die Ligurer gegen Etrusker wie Römer immer gespürt haben müssen. Sie waren schon Künstler, als alle anderen noch auf dem Baum schliefen. Mehr davon gibt's in Luni selbst zu sehen. *Di—Sa 9—13 und 14—19 Uhr, So 9—13 Uhr, Corso Cavour*

RESTAURANTS

Sollten Sie den Mut und genug Neugier haben, in kleine Trattorien zu gehen, aus denen laute Gespräche auf die kleinen Gassen dringen, und sollte dort der Patron oder die Patronin selbst durch den Gastraum gehen, der meistens nur ein schmaler Schlauch ist, dann fragen Sie doch einfach einmal nach zwei deftigen La-Spezia-Spezialitäten: nach dem Gemüseeintopf *trenette a stuffòu* oder nach der Erbsen-Bohnen-Suppe *mesc-ciua*.

RIVIERA DI LEVANTE

La Locandina di Manola
Das rustikale, aber höchst beliebte Restaurant (Tischbestellung ratsam!) hat nur 35 Sitzplätze. Man sitzt eng und ißt kräftig, aber gut. Eine Schau ist die flambierte Platte mit Krustentieren *(mare caldo di crostacei)*. Für Kenner: Vor dem Dessert gibt es eine reiche und köstliche Auswahl an Schafskäse aus der Garfagnana. *Mo geschl., Via Sapri 10, Tel. 0187/ 77 07 27. Kategorie 2*

Trattoria al Negrao
★ Hier kocht Mama wirklich noch höchstpersönlich. Für die Inhaberinnen Enrica und Grazia Calzetta, die den Service im Restaurant machen, steht Mutter Nella in der Küche. Und die setzt auf Ursprünglichkeit. Es gibt Maisbrei *(polenta)* und Reistorte *(torta di riso)*, Stockfisch *(stoccafisso)* und Kabeljau *(baccalà)*. So etwas wie eine Spezialität: geschmorte Weinbergschnecken *(lumache in umido)*. Das Haus, eine ehemalige Poststation, liegt im *Ortsteil Negrao* an der Via Aurelia nach Genua. *Mo und drei Wochen im Sept. geschl., Via Genova 428, Tel. 0187/70 15 64. Kategorie 3*

EINKAUFEN

Rund um die Kathedrale *Santa Maria Assunta* befindet sich das bürgerliche Zentrum von La Spezia mit vielen Geschäften.

HOTELS

Den großen Luxus darf man in einer Hafen- und Marinestadt nicht erwarten. Die meisten Hotels und Pensionen liegen in der Nähe des Hafens nicht immer besonders leise.

Diana
Das kleine Hotel liegt in Hafen- und Geschäftszentrumsnähe. Hunde sind nicht erlaubt. *19 Zi., Via Colombo 30, Tel. 0187/ 73 40 97. Kategorie 3*

Jolly
Das beste Hotel am Platz. *110 Zi., Via XX Settembre 2, Tel. 0187/ 73 95 55, Fax 221 29. Kategorie 2*

AUSKUNFT

IAT Informazione accoglienza turistica
Viale Mazzini 47, Tel. 0187/ 77 09 00

ZIELE IN DER UMGEBUNG

Lérici (L 5)
Der zehn Kilometer südlich gelegene Ort ist vor allem wegen seiner Sandstrandbuchten rundherum bekannt. In einer dieser Buchten, im zwei Kilometer entfernten *San Terenzo*, lebte im Jahr 1822 der englische Dichter Lord Byron mit seinem Kollegen Percy Shelley, der dort im Meer ertrank. Auch der deutsche Maler Arnold Böcklin verbrachte Ende des 19. Jahrhunderts einige Zeit hier. In *Fiascherino* und *Tellaro* gibt es ebenfalls sandige Badebuchten. Lérici ist sehr touristisch, deshalb gibt es jede Menge Schnellrestaurants auf der einen und Schickimicki-Gasthäuser auf der anderen Seite. Ehrliche, aber teure Küche findet man im *Miranda (im Winter Mo geschl., Via Fiascherino 92, Tel. 0187/96 81 30, Kategorie 1)*. Patron Angelo Cabani setzt ganz auf abwechslungsreiche Kost und bietet täglich etwas Neues auf der Karte — mit großer Virtuosität.

Portovenere: Attraktion für Jung- und Altverliebte

Luni (L 5)
Fast schon in der Toskana liegen die Reste der alten, einst blühenden Hafenstadt heute drei bis vier Kilometer vom Meer entfernt. Großartig sind die Ruinen nicht gerade, aber man kann noch Teile des alten Amphitheaters zwischen den Feldern erkennen. Außerdem lohnt der Besuch des *Museo Nazionale (Di–So 9–12 und 16–19 Uhr, Winter 14 bis 17 Uhr, Mo geschl.)*. Prunkstück: der Kristallkelch *millefiori*, der aus einer altrömischen Villa vom gegenüberliegenden Teil der Mündung des Flusses Magra stammen soll. Die römischen Funde im Museum dürfen nicht verdecken, daß die Gegend um Luni, die ja auch Lunigiana heißt, eine noch ältere Geschichte hat. Zeugnisse einer frühen Kultur sind auch noch zu entdecken. Die sogenannten Lunigiana-Stelen sprechen da eine deutliche Sprache. Den Beweis findet man im 45 Kilometer im Landesinneren gelegenen *Pontrémoli*. Dort gibt es im *Castello del Pragnaro* das *Museo Archeologico della Lunigiana*.

Magra-Tal (L 4–5)
Die Magra ist so etwas wie der südliche Grenzfluß Liguriens. Und gerade von La Spezia aus ins Landesinnere hinein gibt es hinter der *Via Aurelia* einen schönen Talverlauf des Stromes, an dem über viele Kilometer eine Rast lohnt.

Portovenere (K 5)
Der Name stammt aus der Römerzeit: Portus Veneris, der Hafen der Venus. Und der Hafen der Verliebten ist er heute wieder. Sie kommen, um den Sonnenuntergang zu sehen. Auch die Touristen kommen. Denn längst sind die oft siebenstöckigen Häuser herausgeputzt worden, als wollte man dem Nachbaridyll Cinqueterre mit aller Macht Konkurrenz machen. Vor Portovenere liegt, getrennt durch nur 150 m Wasser, die Insel *Palmària* mit ihrer Blauen Grotte *(Grotta Azzurra)* und mit der Taubengrotte *(Grotta dei Colombi)*. Es gibt einen Bootsverkehr zur Insel *(Auskunft erteilt man im Touristenbüro, Piazza Bastreri 1)*. Es gibt auch eine allererste

RIVIERA DI LEVANTE

Gastronomie-Adresse mit Terrasse zum Meer: *La Taverna del Corsaro (Di und Nov. geschl., Lungomare Doria 102, Tel. 0187/ 790622, Kategorie 1)* überzeugt mit kunstvoller Regionalküche. Probieren Sie einmal den Tintenfisch mit Schalotten und Feldsalat *(calamari allo scalogo e soncino)*. Im Turm einer alten Befestigungsanlage am Ortseingang von Portovenere ist ein *Hotel* mit familiärer Atmosphäre untergebracht *(Locanda Genio, 7 Zi., 7. Jan. bis 15. Feb. geschl., Piazza Bastreri 8, Tel. 0187/700611, Kategorie 2–3)*. Mit ein paar Schritten hat man den Hafen erreicht.

Sarzana (L 5)

Mutmaßlich hat die 17 Kilometer östlich von La Spezia gelegene Stadt ihren Namen daher, daß sich Ligurer, die wieder einmal vor einem Sarazenenüberfall von der Meeresküste ins Landesinnere geflüchtet waren, hier erst einmal häuslich niederließen. Altes Gemäuer gibt es genug zu sehen, zum Beispiel ein mittelalterliches *Turmhaus (Via Mazzini 28)*. Es gehörte einer Familie Bonaparte, die 1529 nach Korsika auswanderte. ✪ Frische, phantasievolle Regionalküche findet man im *La Giara (Di geschl., Via Bertoloni 35, Tel. 0187/ 624013, Kategorie 2)*.

SANTA MARGHERITA LIGURE

(H 4) Der erste Blick bei der Ankunft fällt auf die palmengesäumte Uferpromenade und auf den Mastenwald der Segelboote. Santa Margherita Ligure ist nämlich, neben dem benachbarten, sehr viel kleineren Portofino, der begehrteste Yachthafen an der Levante. Ein internationales Völkchen mischt sich abends in den Gassen, den Schiffszubehörläden, die es reichlich gibt, den Trattorien und Cafés. Man spricht Englisch, Französisch, Spanisch, Deutsch. Alles ist ein wenig gemischt: Da gibt es die sportlichen Segler, die nach Tagen auf dem Meer mal wieder eine ordentliche Mahlzeit zu sich nehmen wollen. Und da gibt es die vielen Scheinsegler, die schon sauer werden, wenn ein Knick in die Bügelfalte ihrer blütenweißen Seglerhose kommt. Sehen und gesehen werden, das ist ihre Freizeitdevise. Sie sind es, die Santa Margherita nicht eben zu einem billigen Pflaster machen. Alles ist ein bißchen teurer als anderswo – besonders das Essen und Trinken.

BESICHTIGUNGEN

Es gibt wenig zu besichtigen, da Santa Margherita Ligure schon immer ein Hafen mit Fischern, Netzmachern und Korallensammlern war.

Kapuzinerkirche

Sie befindet sich am Fuße des Hügels, auf dem Santa Margheritas berühmtestes Haus, die *Villa Durazzo*, steht. Im Inneren bemerkenswert die Skulptur einer sitzenden Madonna, die vermutlich im 12. Jh. ein wandernder Bildhauer aus der Provence schuf.

Santa Margherita di Antiochia

Die Pfarrkirche am Hauptplatz hinter der Hafenfassade wurde erst 1770 gebaut und 1876 mit einer Barockfassade versehen. *Piazza Caprera*

Villa Durazzo
Besonders schöner alter Familiensitz aus dem späten 16. Jahrhundert, gelegen in einem sehenswerten Park. Heute ist dort das Musikkonservatorium untergebracht.

RESTAURANTS

Am Hafen und in den Seitengassen gibt es jede Menge Bars, Cafeterias, Trattorien und auch zwei ganz vorzügliche Restaurants. Nur noch einmal gilt: Alles ist ein wenig zu teuer!

Cesarina
In sanftem Rosa, ohne Schnörkel ist der Gastraum gehalten. Nichts soll den Gast von dem klassisch-ligurischen Essen ablenken, das Patron Fabrizio Bonardi am liebsten nach seinen Vorstellungen serviert. Sie werden nie enttäuscht sein, aber fragen Sie nach dem Preis, damit Sie später keine Überraschung erleben. Bonardis Hauptzutaten sind Fisch, Kräuter und Olivenöl. *Mi und zwei Wochen im Dez. geschl., Via Mameli 2 c, Tel. 0185/28 60 59. Kategorie 1*

Il Frantoio
Neben dem sehenswerten Park der *Villa Durazzo* liegt diese Ölmühle, in der überaus freundlich, überaus köstlich serviert wird. *Di (außer im Juli und Aug.) und im Feb. geschl., Via Giunchetto 23 a, Tel. 0185/28 66 67. Kategorie 2*

Tortuga
Diese American Bar direkt am Hafen kann sich sehen lassen. Der Martini Dry Cocktail kann mitten in New York nicht besser sein. Es gibt kleine Snacks zum Essen. *Geöffnet ab 11 Uhr mittags, Calata del Porto, Tel. 0185/28 71 68*

HOTELS

Imperial Palace
Das Hotel liegt über der Bucht von Santa Margherita. In ihm wurden 1922 die Verträge von Rapallo zwischen Deutschland, Italien und anderen Staaten geschlossen. Heute entspricht das Hotel luxuriösesten Ansprüchen. *Nov.–Ende März geschl., 102 Zi., Via Pagana 19, Tel. 0185/28 89 91, Fax 28 42 23. Kategorie 1*

Minerva
Ehemalige Privatvilla. *28 Zi., Via Maragliano 34, Tel. 0185/28 60 73, Fax 28 16 97. Kategorie 2*

Regina Elena
An der Straße nach Portofino gelegenes Hotel mit internationalem Komfort. *94 Zi., Via Pagana 8, Tel. 0185/28 70 03, Fax 28 44 73. Kategorie 2*

AUSKUNFT

IAT Informazione accoglienza turistica
Via XXV Aprile 2 B, Tel. 0185/28 74 85-6

ZIELE IN DER UMGEBUNG

Portofino
(**H 4**) ★ Fünf Kilometer hinter Santa Margherita Ligure an der Spitze der Halbinsel liegt der von Weltstar Rex Harrison besungene Traumhafen (»I Left My Heart In Portofino«). Weil der

RIVIERA DI LEVANTE

Malerisch die Bucht von Portofino. Hier geht der Jet-set vor Anker

Autoverkehr völlig verboten ist, kann der reizvolle Ort seinen Zauber bewahren. Der Name geht auf die Römer zurück, die hier schon mit ihren Booten anlegten und die Bucht *Portus Delphini*, Delphinhafen, nannten. Wer heute den Hafen besucht, kann dagegen moderne Yachten in allen Größen und Klassen bestaunen. Segler aus aller Welt geben sich in der malerischen Bucht ein internationales Stelldichein und bevölkern die Uferpromenaden in der Saison. Portofino ist mondän – und das heißt extrem kostspielig. In den Restaurants allerdings kann man mit etwas Glück einen Tisch neben den Reichen und Schönen bekommen, die sich ihren Liegeplatz in der Bucht teuer erkauft haben. ↯ Sehenswert ist das Hotel *Splendido* mit seinem Pool, seinem Park und seinem Blick über die Bucht.

Rapallo (I 3)

Dort wo die Halbinsel von Portofino ans Festland anschließt, liegt am *Golfo del Tigullio* Rapallo, das längst den Reiz des Mondänen verloren hat. Zu lärmend ist der Ort während der Saison. Immerhin: Am Ortsrand in Richtung Süden gibt es im Stadtpark einen beachtenswerten Minigolfplatz mit zwei idyllisch gelegenen 18-Loch-Bahnen, der bis zur Dunkelheit geöffnet ist. Einstiger Zeitvertreib der Fischersfrauen von Portofino und Rapallo war das Spitzenklöppeln, nunmehr im *Museo dei pizzo al tombolo* zu bewundern, in der *Villa Tigullio* im *Parco Casale, Di, Mi, Fr, Sa 15 bis 18, Do 10–11.30 Uhr.*

San Fruttuoso (H 4)

Von Rapallo, Santa Margherita Ligure und Portofino aus kann man diese im 11. Jahrhundert erbaute *Abtei* per Motorboot erreichen. Es ist dasselbe, das die Gemeinden miteinander verbindet. Das Kloster liegt in einer Felsenbucht an der Spitze der Halbinsel von Portofino. Bei glatter See und schönem Wetter kann man im Wasser vor der Küste eine einst versenkte Christusstatue sehen.

GENUA

Sie nennt sich mit Recht die Stolze

Es gibt manchen Grund, die von Riviera-Reisenden meist geschmähte Metropole Liguriens doch einmal zu besuchen

Die meisten Menschen kennen Genua nur vom Durchrauschen. Sie fahren auf dem Weg zu ihrem Urlaubsort einfach an der Stadt vorbei, von der man ihnen erzählt hat, daß sie ein gigantischer Industriemoloch voller Lärm und Gestank wäre. Oder sie kommen per Flugzeug oder Bahn an, um per Zubringerbus und mit Scheuklappen an den Schläfen zu einem der vielen Kreuzfahrtschiffe gebracht zu werden, um also dieses Genua, das sich selbst *la superba* – »die Stolze« nennt, schon nach ein paar Stunden eiligst wieder zu verlassen. Den Durchrauschenden entgeht eine ganze Menge, wenn sie den schnellen Vorurteilen mehr Glauben schenken als der eigenen Ansicht.

Sicher, Genua versammelt als Großstadt wie andere Großstädte Oberitaliens – wie Mailand, Bologna, ja selbst Venedig – viel Unangenehmes: Lärm, Gestank, Hektik, Zersiedelung, Unübersichtlichkeit, Verbrechen. Man kann also dazu neigen, die gehässige Meinung des deutschen Dichters Heinrich Heine zu teilen: »Diese Stadt ist alt ohne Altertümlichkeit, eng ohne Traulichkeit und häßlich über alle Maßen.«

Läßt man sich aber auf die Reize der durchaus prächtigen Stadt ein, wird man schnell wie Heines italienischer Dichter-Kollege Petrarca ins Schwärmen geraten: »Du wirst eine Stadt sehen, die sich königlich auf den letzten Hügeln der Alpen ausbreitet; unvergleichlich sind ihre Bevölkerung und die Mauern, deren bloßer Anblick beweist, daß sie einst der Herrschaft des Meeres entrann.«

Mit dem Meer hat auch die Herkunft des Stadtnamens zu tun, obwohl frühe Legenden darauf verweisen, daß der alte Name Genuas, nämlich »Ianua«, auf Janus, den Urenkel des biblischen Noah, zurückgeht. Doch wahrscheinlicher ist, daß einfach das lateinische Wort »iuana« gemeint ist: Es bedeutet nämlich »Zugang«, den Zugang vom Meer ins Gebirge.

Kolossal ragen die beiden Türme des Soprana-Tors in den blauen Himmel über Genua

Die Stadt, die an der Küste immerhin eine Breite von 35 km hat, steigt tatsächlich, wenn auch nur wenige km tief, ins Gebirge hinauf. Das bringt Genua eine sehenswerte Besonderheit ein: die ❄ *funicolari*, die Zahnradbahnen. Sie führen vom *Largo Zecca* den *Righi* hinauf, vom *Bahnhof Principe* nach *Granarolo* und von der *Piazza Portello* zur *Via Bertani*. Da die Bahnen auch für die Genuesen lebenswichtig sind, hält man sie für italienische Verhältnisse vertrauenerweckend in Schuß. Was man von den Aufzügen nicht sagen kann, die von der *Piazza Acquaverde* am *Bahnhof Principe* zum *Castello d'Albertis* und von der *Galleria Garibaldi* zum *Belvedere Castelletto* hinaufführen. Sie sind oft außer Betrieb, und man muß die allerdings sehenswerten jahrhundertealten ❄ Treppengassen aus Backstein hinaufsteigen, von denen man dann einen herrlichen Ausblick hat.

An den oberen Berghängen liegen heute die Villenviertel der ligurischen Metropole. Das untere Hafenviertel lebt von seinen Gegensätzen. Hier die modernen Einkaufsstraßen mit der ganzen Geschäftigkeit einer Großstadt, deren 730 000 Einwohner werktäglich durch einige hunderttausend Pendler aus nahen Schlafstädten vergrößert wird; dort die winzigen steilen ★ *vicoletti*, jene rund um das Hafenbecken gelegenen Gäßchen der Alt-

MARCO POLO TIPS FÜR GENUA

1 Centro storico
Die engen Gassen der Altstadt sind nicht einladend, aber höchst spannend (Seite 74)

2 Casa di Colombo
Marco Polo grüßt Christoph Kolumbus, den Entdecker Amerikas. Wen denn sonst? (Seite 76)

3 Sant' Ambrogio
Die Kirche lockt mit zwei überwältigenden Rubens-Gemälden (Seite 79)

4 Gran Gotto
Im Land des Glaubens und des Essens keine Blasphemie: Com'è vero Dio! — so wahr Gott lebt, besser kann man in Genua nicht speisen (Seite 82)

5 Palazzo Reale
In 13 Sälen meisterliche Bilder bis zum Abwinken — sogar von großen Flamen (Seite 79)

6 Via Garibaldi
Die Kathedralen des Geldes, also die Bankpaläste, muß man gesehen haben (Seite 77)

7 San Lorenzo
Dom und Domschatz von unermeßlichem Reichtum. Mehr muß man wirklich nicht sagen (Seite 77)

8 Lanterna
Der 117 m hohe Leuchtturm im Genueser Hafen lockt bei schönem Wetter mit eindrucksvoller Fernsicht (Seite 77)

GENUA

stadt, die trotz ihrer Enge einen Spaziergang lohnen. Vom Wasser weht der Duft aller Hafenstädte herüber und vermischt sich mit dem der *focaccia*, jenes schmackhafte, ölbeträufelte Fladenbrot, das mit ständig wechselnden Würzmischungen in den ligurischen Gasthäusern vor dem Essen angeboten wird.

Der nahe Hafen hat schon immer die Geschicke Genuas bestimmt. Schon 222 v. Chr. schloß das damals so genannte Antium ein Handelsbündnis mit den Römern. 205 v. Chr. von den Karthagern zerstört, kam der Handelsplatz in der Folge unter römische Herrschaft und wurde zu einem wichtigen Hafen. Seit dem 12. Jh. besaß die Stadt dann das Recht auf Selbstverwaltung und wurde zu einer mächtigen Handelsrepublik. Große Seefahrer kamen aus dieser Stadt. Unter ihnen auch Cristoforo Colombo, der 1492 – allerdings für das spanische Herrscherhaus – die Westindischen Inseln eroberte, die ja so heißen, weil der Seefahrer (übrigens bis zu seinem Tode) glaubte, den Seeweg nach Indien gefunden zu haben. In Wahrheit entdeckte Kolumbus bekanntlich Amerika, was Genua 1992 Anlaß zu aufwendigen 500-Jahr-Feiern gab, aber damit auch zur Wiederbelebung des zentralen Hafenbeckens beitrug, alte Lagerhallen und Paläste restaurierte sowie das größte Aquarium Europas einrichtete.

Ein anderer Seemann, der Admiral Andrea Doria, sorgte 1528 für die volle Unabhängigkeit Genuas und gab ihr eine Verfassung, nach der die Republik wie Venedig von einem auf Lebenszeit bestimmten Dogen regiert wurde. Die Ghibellinen-Familie Doria lebte im historischen Streit mit der Guelfen-Familie Fieschi. Und 1547 versuchte tatsächlich ein Gian Luigi Fieschi den Dogen Andrea Doria vom Thron zu stoßen. Die mißglückte Tat – der echte Fieschi stürzte beim Versuch, im Hafen ein Doria-Schiff zu entern, mit eiserner Rüstung ins Meer und ertrank – inspirierte den deutschen Dichter Friedrich Schiller (»Ich will Genua einen Fürsten schenken, wie ihn noch kein Europäer sah«) zu seinem republikanischen Trauerspiel »Die Verschwörung des Fiesko zu Genua«. Von einem anderen Mitglied der guelfischen Fieschi, Innozenz IV., stammt eine Redewendung, der man in Ligurien bis heute zugetan ist: *sedens ago*, was »ich handle im Sitzen« bedeutet und meint, daß nichts so heiß gegessen wird, wie es gekocht ist. Der Ausspruch spiegelt die Gelassenheit der Ligurer wider, die durchaus auch mit einer Spur Trägheit gepaart sein kann. Was nicht heißt, daß Ligurer nicht auch die Schlitzohrigkeit eines levantinischen Teppichhändlers annehmen können. Ausdruck der Fähigkeit zu Handel und Geschäft ist Genuas Hafen auch heute immer noch. Er ist der größte in Italien und nach dem französischen Marseille der zweitgrößte am ganzen Mittelmeer. Genuas Hafen umfaßt 225 ha Land- und 453 ha Wasserfläche. Auch wenn seine Bedeutung in den letzten Jahren etwas zurückgegangen ist, bleibt Genuas Hafen ein wichtiger Handelsplatz – auch ein Umschlagplatz für Träume. Für die Träume der vielen Kreuzfahrtreisenden, deren riesige

Dampfer dort anlegen, wo am 6. Mai 1860 der Freiheitskämpfer Garibaldi mit 1000 Freischärlern aufbrach, um Sizilien zu erobern, und der seitdem im Volksmund bezeichnenderweise *ponte dei mille*, der Pier der Tausend, heißt. Offiziell und noch bezeichnender heißt der Ponton, an dem die Traumschiffe anlegen, *Calata degli Zingari,* der Kai der Zigeuner.

BESICHTIGUNGEN

Mehrsprachige Stadtrundfahrten durch Genua starten täglich von der *Piazza Acquaverde* neben dem Hauptbahnhof *(Stazione Principe)*. Da ihre Startzeiten leider laufend wechseln, sollte man sie vorher bei der Touristeninformation erfragen.

Casa di Colombo

★ Unabhängig davon, ob denn nun der gute Christoph Kolumbus tatsächlich in oder doch eher bei Genua geboren wurde, in diesem Haus soll er als Kind in den Jahren 1446/47 gelebt haben. Es liegt an der *Porta Soprana* auf der westlichen Seite der modernen *Piazza Dante*, die von einem über 100 m hohen *grattacielo*, einem Wolkenkratzer, überragt wird.
Porta Soprana

Hafen

Genuas Hafen kann man besichtigen. *Einstündige Rundfahrten* mit dem *Mare Express ab 10 bis 16 Uhr*

Im Hafen von Genua legen auch Kreuzfahrtschiffe an

GENUA

vom Pier des Aquariums. *Jeden Tag um 15.15 Uhr legt das Boot der Cooperativa Battellieri (Tel. 010/26 57 12 oder 03 36 68 87 32) vom Pier des neuen Aquariums zur Rundfahrt durch die drei Hafenbecken ab (Ponte Spinola/ Piazza Caricamento; 50 Min.; 10 000 Lit).* Die *Stazione Marittima* selber ist ein eindrucksvoller und schöner Säulenbau, in dem alle Kreuz- und Überseefahrer abgefertigt werden. Deshalb herrscht besonders in den frühen Vormittagsstunden rege Betriebsamkeit. Einen phantastischen Blick hat man von der ★ ⚓ *Lanterna*, dem 117 m hohen Leuchtturm aus dem 12./16. Jahrhundert mit einer Leuchtweite von 27 Seemeilen. Über 375 Stufen steigt man auf 80 m Höhe hinauf *(kann vorerst jedoch nur im Rahmen der Hafenrundfahrt mit der Cooperativa Battellieri bestiegen werden).*

Loggia dei Banchi
Die ehemalige Halle der Geldverleiher entstand zwischen 1570 und 1595 nach Entwürfen von Alessi. Die dorische Säulenhalle beherbergt heute die Warenbörse. *Piazza Banchi*

Teatro Carlo Felice
Das im Krieg zerstörte Opernhaus *(Spielzeit Nov.–Mai)* ist im Herbst 1991, 46 Jahre nach seiner Zerstörung, außen restauriert und innen modernisiert worden. Es hat vier fahrbare Bühnen; davon ist eine drehbar. Die Operninszenierungen sind all die Jahre über bis zur Wiedereröffnung der beeindruckenden Spielstätte in einem Kino gezeigt worden. Ein Besuch lohnt sich. *Piazza de Ferrari*

Via Garibaldi
★ Eine der künstlerisch bedeutendsten Straßen Europas. Die aufregenden Palazzi, im Volksmund auch Kathedralen des Geldes genannt, schufen hauptsächlich Galeazzo Alessi (1512 bis 1572) und Giovanni Battista Castello (1509–72). Heute gilt die Via Garibaldi als Straße des Geldes, weil dort die Banken residieren.

KIRCHEN

Die Kirchen in Genua sind unregelmäßig geöffnet. Die meisten sind allerdings lediglich in den Mittagstunden geschlossen, in denen schließlich auch ein Küster Hunger verspürt.

San Donato
Das interessanteste an der 1189 geweihten Kirche ist ihr achtekkiger Campanile. *Strada San Agostino*

San Giovanni di Prè
In der vom Johanniterorden gegründeten Kirche ruhte bis zu ihrer Überführung in den Dom San Lorenzo (1098) die Asche von Johannes dem Täufer. *Via di Prè*

San Lorenzo
★ Der Dom San Lorenzo, mit einer Innenlänge von 100 m größter sakraler Bau Genuas, ist wegen seiner verschiedenen Bauphasen, wegen der zahlreichen Kunstwerke und vor allem wegen seines Domschatzes besuchenswert. Erste Bautätigkeit am Dom gab es schon 878. Als dann die ersten Kreuzfahrer mit christlichen Reliquien aus dem Heiligen Land zurückkehrten,

entstand ein Neubau, der 1118 fertiggestellt wurde. Relikte dieser romanischen Periode sind noch an der linken Seite bei der *Porta di San Giovanni* zu erkennen. Nach einem verheerenden Feuer mußte der Dom zwischen 1307 und 1312 fast völlig erneuert werden. Der Stil diesmal: gotisch. Besonders beachtenswert: Am südlichen Seitenportal steht eine Skulptur aus dem 13. Jh., die von Genuesern Scherenschleifer *(arrotino)* genannt wird. Sie zeigt möglicherweise den heiligen Lorenzo mit einem Mühlstein. Der *Campanile* des Doms mit seinen schönen Renaissancefenstern stammt aus dem Jahr 1522. Romanische Säulen teilen den Innenraum in drei Schiffe, deren Pracht beeindruckend ist. Sehenswert im Hauptschiff: die *Renaissancekanzel* von Pier Angelo Scala aus dem Jahr 1526 und die *Freskenreste* aus dem 12. Jahrhundert über dem Altar. Im rechten Seitenschiff: die mit Fresken aus dem Leben des heiligen Sebastian ausgestattete *Cappella Senarega* von Giovanni Andrea Carlone aus dem 16. Jh. Schließlich am Ende des linken Seitenschiffs die *Cappella Lercari* mit dem Deckenfresko »Mariä Himmelfahrt« von Giovanni Battista Castello, genannt Il Bergamasco. Von hier (oder über das *Erzbischöfliche Palais, Via Tommasio Reggio 21*) kommt man in das Museum mit dem Domschatz. Das *Museo del Tesoro di San Lorenzo* zeigt Reliquien und Kirchenschätze von ungeahntem Reichtum. Höhepunkt ist der *Sacro Catino*, das »Heilige Bekken« in Saal I. Die smaragdgrüne Glasschüssel ist als Beute des 1. Kreuzzuges mit nach Genua gekommen. Der Legende nach hat die Königin von Saba sie Salomon geschenkt, und Jesus soll sie beim letzten Abendmahl als Weinkelch benutzt haben. *Via San Lorenzo. Das Museum ist So und Mo geschl.; der Eintritt ist frei*

San Matteo

Die Kirche, eine Mischung aus Gotik und Renaissance, wurde 1125 als Privatkirche der berühmten Genueser Familie Doria errichtet, die später den berühmtesten Dogen der Stadt stellte. Ein Schwert, das dieser Andrea Doria von Papst Paul III. erhielt, liegt unter dem Hauptaltar. *Piazza San Matteo*

Santa Maria Assunta in Carignano

Nach Michelangelos Plan der Peterskirche in Rom entwarf Galeazzo Alessi 1550 die zweitürmige Kuppelkirche. Auffallend schön unter den vielen sehenswerten Gemälden: die »Heilung eines Krüppels durch Petrus«

Cimitero di Staglieno

GENUA

von Domenico Piola im rechten Seitenschiff am ersten Altar. *Piazza Carignano*

Santa Maria di Castello
Eines der ältesten Zeugnisse der Gegend ist in der ersten Kapelle des linken Seitenschiffs ein spätrömischer Sarkophag aus dem 4. Jh., der jetzt pikanterweise als Taufbecken dient. Zur Kirche gehört auch ein Dominikanerkloster und ein Museum, darin besonders bemerkenswert zwei Spätwerke Ludovico Breas: »Die Berufung der Gerechten« und das Triptychon »Bekehrung des Paulus«. *Via Maria di Castello*

Sant' Ambrogio
★ In diesem Frühbarockbau, der 1606 fertiggestellt wurde, gibt es zwei wunderbar wertvolle und sehenswerte Gemälde: die *Beschneidung im Tempel* am Hochaltar und die *Heilung einer Besessenen durch St. Ignazius* im linken Seitenschiff, beide gemalt von keinem Geringeren als Peter Paul Rubens. *Piazza Matteotti*

MUSEEN

Aquario di Genova
🚶 Größtes Aquarium Europas, im neu restaurierten Hafengelände. *Ponte Spinola, Di, Mi, Fr 9.30–19 Uhr, Do, Sa, So 9.30–20 Uhr*

Palazzo Bianco
Der *Weiße Palast*, der einst für die Piratenfamilie Grimaldi erbaut wurde, die durch eine schändliche List, nämlich als verkleidete Mönche, auch das kleine Königreich Monaco erobert hatten, birgt eine Gemäldesammlung. Großen Anteil haben neben den

Genua hat sehenswerte Brunnen

Italienern besonders flämische Maler des 15. bis 18. Jahrhunderts. Highlights sind vor allem: Peter Paul Rubens' *Mars und Venus* sowie Anton van Dycks *Christus und die Pharisäer* in Saal VII. *Di, Do, Fr, So 9–13 Uhr, Mi und Sa 9–19 Uhr, Eintritt 6000 Lit, Piazza Meridiana*

Palazzo Reale
★ Im ersten Stock des ehemaligen königlichen Palastes befindet sich die *Galleria di Palazzo Reale* mit Kunstwerken von unschätzbarem Wert: Wandteppiche mit Jagdszenen aus Savoyen im Gobelinsaal *(sala degli arazzi)*, Anton van Dycks *Christus am Kreuz* im Saal Flämischer Meister *(saletta dei Fiamminghi)*, Luca Giordanos *Perseus mit dem Medusenhaupt* im Thronsaal *(sala del trono)*, Cesare Cortes Veronese-Kopie *Gastmahl im Hause des Pharisäers* im Veronese-Saal *(sala del Veronese)*, Francesco Schiaffinos Marmorskulptur *Raub der Proser-*

Piazza della Vittoria, überragt von dem 27 m hohen Triumphbogen

pina im prächtigen Spiegelsaal *(galleria degli specchi)* und Tintorettos unvergleichliches Gemälde *Junge Frau* im Saal der Zeit *(sala del tempo)*. *Mo, Di, So 9—13.45 Uhr, Mi, Do, Sa 9—19 Uhr, zwischen Via Balbi und Via di Prè*

Palazzo Rosso
Der nach erheblichen Zerstörungen während des Zweiten Weltkriegs neu restaurierte *Rote Palast* beherbergt eine sehenswerte Gemäldesammlung im dritten sowie ein Münz- und Kupferstichkabinett im ersten Stock. Mehr als einen Blick wert: Albrecht Dürers *Porträt eines Jünglings* neben den *Alten Patriziern* aus der Schule Tizians in Saal V. *Di, Do, Fr, So 9—13 Uhr, Mi und Sa 9—19 Uhr, Eintritt: 6000 Lit, Via Garibaldi 18*

PALÄSTE (PALAZZI)

Palazzo Doria Pamphilj
Einst prächtiger Alterssitz Andrea Dorias, einer der schönsten Bauten Genueser Renaissance. Voll wertvoller Fresken und Stuckarbeiten. Restauriert und seit 1995 dem Publikum zugänglich. *Sa 15—18 Uhr, So 10—13 Uhr, V. S. Benedetto*

Palazzo Ducale
Der einstige Dogenpalast (seit 1339) ist heute das Justizgebäude von Genua und Sitz bedeutender Kunstausstellungen. Im Inneren bemerkenswert sind neben der prunkvollen Treppe aus dem 16. Jh. die Statuenreste der von Genua verehrten Andrea und Gian Andrea Doria, die der Bildhauer Taddeo Carlone einst

GENUA

schuf. Am oberen Ende der Treppe ist das Fresko *Andrea Doria spricht zum Volk* des Malers Lazzaro Tavarone nicht zu übersehen. *Bei Ausstellungen tgl. 10–22 Uhr geöffnet, Piazza Matteotti*

Palazzo Municipale

Dort ist das Rathaus untergebracht. Es hat einen herrlichen Innenhof und ein sehenswertes Treppenhaus. Und – sie können es nicht lassen, den nach Spanien versprengten Sohn der Stadt überall zu ehren – im Ratssaal *(salone del Consiglio)* hängt Francesco Gandolfis Fresko *Rückkehr des Kolumbus aus Amerika*. Und im roten Saal *(sala rossa)* steht eine Bronze-Urne mit Teilen der Asche von Cristoforo Colombo neben einer Geige des Baumeisters Guarneri del Gesù aus dem Jahr 1742, auf der der in Genua geborene, begnadete Niccolò Paganini gespielt hat. *Werktags geöffnet, Eintritt frei, Via Garibaldi*

Palazzo San Giorgio

Einst Sitz der Bank San Giorgio, beherbergt der aus zwei Bauwerken der Gotik und der Renaissance bestehende Palast heute die Hafenverwaltung. Die *Sala del Capitano del Popolo* im ersten Stock birgt eine Gemäldesammlung mit Porträts all jener Männer, die sich seit Anfang des 15. Jhs. um die Bank verdient gemacht haben. *Mo–Sa 10–18 Uhr, Eintritt frei, Piazza Caricamento*

Palazzo Spinola

Schmuckstück der Gemäldegalerie in dem Palast aus dem Jahr 1542 ist Antonello da Messinas *Ecce Homo*. *Mo 9–13, Do 14–19, Di, Mi, Fr, Sa 9–19 Uhr, 8000 Lit, Salita Santa Caterina*

PLÄTZE (PIAZZE)

In Genua gibt es nicht wie in den meisten anderen italienischen Städten eine zentrale *piazza*, den Mittelpunkt-Platz, auf dem sich alle treffen. Dafür gibt es viele kleinere Plätze, von denen noch einer besonders schlendernswert ist, der bislang nicht erwähnt wurde.

Piazza della Vittoria

Der Siegesplatz wird vom *arco ai Caduti* überragt, dem 27 m hohen Triumphbogen zu Ehren der im Ersten Weltkrieg gefallenen Soldaten. Zwischen *Via Brigata Liguria* und *Viale Brigata Bisagno*. Nördlich des Platzes befindet sich die *Piazza Giuseppe Verdi*, an der Genuas zweiter Hauptbahnhof, die *Stazione Brignole*, liegt.

RESTAURANTS

In der Altstadt und direkt am Hafen gibt es ungezählte kleine *trattorie* und *friggitorie*, in denen man noch unverfälschte Gerichte der Genueser Küche bekommen kann, beispielsweise den wunderbaren *pesto*, aus frischem Basilikum hergestellt. Dort, wo es würzig nach Erde oder auch Meerwasser riecht und wo Sie die Genueser beim Essen treffen, sind Sie bestens aufgehoben.

Antica Osteria della Castagna

✪ Klassisches Fischrestaurant mit einer ausgesucht feinen ligurischen (!) Weinkarte, in dem sich die Genueser gern treffen. Es gibt eine Gartenterrasse. *So-Abend, Mo und Aug. geschl., Via Romana della Castagna 20 r, Tel. 010/33 26 76. Kategorie 2*

La Bitta

Das ist der Poller, an dem die Schiffe festmachen. Also: Fisch gibt es reichlich und gut, beispielsweise Hummer, der in Ligurien *longobardo* heißt. Achten Sie auf eine Besonderheit: Man bereitet den Fisch-Hauptgang auf Wunsch auch in Meerwasser *(all'acqua pazza)* zu. *Mo und im Aug. geschl., Via Casaregis 52 r, Tel. 010/58 85 43. Kategorie 2*

Enoteca Sola Cucina & Vino

Mittags ist ein ziemliches Kommen und Gehen, weil es lauter wunderbare kleine Speisen und vorzügliche Weine per Glas gibt. *So und im Aug. geschl., Via C. Barabino 120 r, Tel. 010/59 45 13. Kategorie 3*

Genio

Typische Genueser Gerichte wie *panizza*, die Kichererbsenpolenta. *So und im Aug. geschl., Salita San Leonardo 61, Tel. 010/58 84 63. Kategorie 2*

Gran Gotto

Die Küche ist eine Offenbarung geblieben, auch wenn die Brüder Bertola ein paar Häuser weiterziehen mußten: Den *rombo pomodori e capperi* (Steinbutt in Tomaten und Kapern) oder *fegato di vitello all'uva fresca* (Kalbsleber mit frischen Weintrauben) sollte man sich nicht entgehen lassen. Tischreservierung auch und gerade mittags unbedingt erforderlich. *Sa-Mittag (im Winter auch So) geschl., Viale Brigata Bisagno 69 r, Tel. 010/56 43 44. Kategorie 1*

Pizzeria Bella Napoli

Vergessen Sie alles, was Sie über Pizzerien in der Heimat gehört haben. Das rustikale Restaurant im Seemannsstil bietet Küche vom Feinsten, besonders Fisch. Aber fragen Sie vorher auch nach den kalabrischen Würsten oder der Salami aus Felino. *Mo und im Sept. geschl., Via Giacomo Puccini 43 r, Tel. 010/67 21 88. Kategorie 2*

EINKAUFEN

Genua ist wie andere oberitalienische Großstädte ein Einkaufsparadies mit teilweise sehr mondänen Geschäften. Die Einkaufsstraßen sind die *Via Roma*, die *Via XII Ottobre*, die *Via XX Settembre* und die *Via XXV Aprile*. Putzige Kleinmärkte, Floh- und Büchermärkte findet man an der *Piazza Banchi* und der *Via Gramsci*. Da eine Großstadt vielleicht auch im Urlaub zum Shopping reizt, finden Sie nachfolgend ein paar Anregungen:

Armanino

Getrocknete und kandierte Früchte erinnern an Genuas einstigen Handel mit dem Orient. *Via Sottoripa 105 r*

Box 86

Sport- und Freizeitkleidung. *Piazza Vittoria 86 r*

Caleri

Eine der schönsten Parfümerien *(profumeria)* der Stadt. *Piazza de Ferrari*

casaviva

Kristall, Porzellan und Geschenkartikel. *Via Torti 192 r*

di Stefano

Internationale Buchhandlung. *Via Ceccardi 40 r und Piazza Fontane Marose*

GENUA

Franco
Exklusiver Laden für Missoni-Kleider. *Corso Buenos Aires 94 bis 98 r (Damen), Corso Buenos Aires 84 r (Herren)*

ISIA
Bestes Bekleidungsgeschäft Genuas. *V. XX Settembre 166*

Marcello Cambi
Nautische Antiquitäten. *Cortile di Palazzo Ducale*

Paladini
Fotografie-Laden mit eigenem Studio. Nimmt Schnellentwicklungen an: Diapositive in einer Stunde, Farbnegative 45 Minuten, und selbst edle Abzüge (30 × 40) bekommt man innerhalb von einem Tag. *Via Cavalotti 41 r, Ortsteil Boccadasse*

Russo
Schwimmbekleidung, aber auch modische Damendessous *(moda mare e intima). Corso Buenos Aires 34 a*

Serafina
Eingelegtes Gemüse in allen Variationen. Den wunderbaren Pesto nehmen sich die Italoamerikaner nach New York mit. *V. Canneto il Curto 34 r*

Tomasoni
Alles nur Erdenkliche zur Ausstattung eines Segelbootes. *P. della Vittoria 117 r*

La Torre Isabella
Säuglings- und Sanitätsartikel. *Via da Persico 7 r*

HOTELS

Die Hotelsituation in Genua ist nicht gerade berauschend. Die wenigen ausgezeichneten Häuser (auch die Luxushotels) sind häufig ausgebucht. Allerdings zieht es die meisten Besucher, auch jene, die durchaus ein paar Tage durch die Stadt streifen wollen, in die umliegenden Ferienorte an der Levante oder Ponente. In und um Genua gibt es

Im Brunnen auf der Piazza Ferrari kann man sich die Füße kühlen

vier Campingplätze (der größte heißt *Villa Masnata* und liegt 15 km vom Stadtzentrum entfernt an der *Via di Creto 119, Tel. 80 93 90)* und eine Jugendherberge *(Ostello della Gioventù, Via Costanzi 120 (Bus Nr. 40), Tel. 010/242 24 57, 200 Plätze, Mitte Dez.–Mitte Jan. geschl.).* Für den Reisenden, der nicht weiterfahren will oder kann, haben wir ein paar empfehlenswerte Hotels herausgesucht.

Alexander

Kein Tagungshotel, kein Mittags- und Abendrestaurant — deshalb von angenehmer Ruhe. Die Zimmer haben Fernseher. *35 Zi., Via Bersaglieri d'Italia 19, Tel. 010/ 26 13 71, Fax 26 52 57. Kategorie 2–3*

Bristol

Gutes Klassehotel mit 132 Zimmern direkt an der Prachteinkaufsstraße. *Via XX Settembre 35, Tel. 010/59 25 41, Fax 56 17 56. Kategorie 1–2*

Helvetia

Kleines, familiäres Hotel, Doppelfenster, beim Bahnhof Principe. *32 Zi., P. dell'Annunziata 1, Tel. 010/28 18 22, Fax 247 06 27, Kategorie 3*

Jolly Hotel Plaza

Haus der italienischen Hotelkette Jolly, auf die man sich in den meisten Fällen verlassen kann. Es sei denn, das Haus wird gerade renoviert. Aber schließlich sprechen die regelmäßigen Renovierungen auch für die Kette. Die Zimmer sind stets bestens überholt. *150 Zi., Via Martin Piaggio 11, Tel. 010/83 93 64 1, Fax 839 18 50. Kategorie 1*

Savoia Majestic

In der Nähe des Hauptbahnhofes und trotzdem etwas zurückliegend, ist das Savoia mit seinem Nebenhaus *Londra e Continentale* das beste Haus am Platze. Ganz in der Nähe führt einer der Aufzüge in die obere Stadt. *123 Zi., Via Arsenale di Terra 5, Tel. 010/ 26 16 41, Fax 26 18 83. Kategorie 1*

SPIEL UND SPORT

Naturgemäß kann eine Stadt wie Genua nur Großstadtsport bieten. In Hafennähe verbieten sich Schwimm- und Wassersportmöglichkeiten wegen der Gefahr und wegen der Verschmutzung. Es gibt unzählige Gymnastikhallen, in denen man von Aerobic bis Sauna alles haben kann. Der Blick ins öffentliche Telefon unter *impianti sportivi e palestre* (Sportanlagen und Turnhallen) hilft weiter. Es gibt ein Bowlingcenter *(Bolzaneto, Via Barchetta 15, Tel. 010/40 24 52).*

AM ABEND

Das Nachtleben Genuas gleicht dem vieler Hafenstädte. Aber: Der Rotlichtbezirk in Hafennähe schrumpft immer mehr zusammen — zugunsten uriger Kneipen, in denen immer öfter auch Live-Musik gemacht wird. Da die Musikanten von Haus zu Haus ziehen, kann man schlecht Empfehlungen abgeben. Die Theaterlandschaft ist von ebenfalls wechselnden Spontantheatergruppen beherrscht, die überall spielen, wo man ihnen Platz gibt. Die Oper hat ihr neues altes Haus wieder (siehe Seite 77). Und von den Diskotheken sind zwei empfehlenswert:

GENUA

In seiner Heimatstadt Genua verehrt man den Entdecker Amerikas

Mako
Tanzlokal mit Restaurant. *Corso Italia*

Palace
Live-Musik, Rock. Im Vorstadtviertel *Quarto. Via Schiaffino*

AUSKUNFT

Azienda Promozione Turistica (APT)
V. Roma 11/3, Tel. 010/54 15 41; Informationsstellen (IAT): Stazione Principe, Tel. 010/246 26 33; Flughafen C. Colombo, Tel. 010/241 15 47; Terminal Kreuzfahrten/Hafen, Tel. 010/246 36 86

ZIELE IN DER UMGEBUNG

Im Prinzip sind alle Ziele entlang der Rivieren Ponente und Levante Ziele in der Umgebung von Genua, da sie in weniger als zwei Stunden per Bahn oder Auto zu erreichen sind. Da die Gebiete ja ihren eigenen ausführlichen Teil haben, beschränken wir uns hier nur auf die wirklich stadtnächsten (und dazu noch prominenten) Ziele.

Cimitero di Staglieno (H 3)
Die lebensgroßen Skulpturen aus Carrara-Marmor sind das Auffälligste auf dem etwas außerhalb liegenden Friedhof von Genua, der um die Mitte des letzten Jahrhunderts angelegt wurde. Ein Bus *(Nummer 34)* fährt von der *Piazza Acquaverde am Hauptbahnhof* hinaus. *7.30 bis 18.30 Uhr*

Nervi und Pegli (H 3)
Nervi, der östliche Villenvorort, lohnt einen Besuch wegen des *Museo Civico Giannettino Luxuro* in der *Villa Luxoro (Via Aurelia)* mit Gemälden aus der Genueser Schule des 17. und 18. Jahrhunderts *(Di–Sa 9–17, So 9–12.30 Uhr, Mo geschl.)*. *Pegli*, der westliche Vorort, lohnt wegen des wiedereröffneten *Civico Museo Navale* in einer Villa der Doria: die Schiffahrt vom 12. bis 15. Jahrhundert *(Di–Sa 9–19, So 9–12.30 Uhr, Mo geschl., P. Bonavino 7)*.

Righi (F–G 3)
Das ist Genuas Aussichtshügel. Er hat eine Höhe von 302 m. Am besten erreicht man seine Kuppe auf einer 15minütigen Fahrt mit der Zahnradbahn von der Station *Largo della Zecca* auf halbem Weg zwischen *Stazione Principe* und *Stazione Brignole*. Von den Panorama-Terrassen der nicht sonderlich guten Restaurants hat man einen herrlichen Blick.

Von Auskunft bis Zoll

Warum es in Ligurien ein Extra-Telefonbuch für Touristen gibt. Und ein ganzer Batzen anderer nützlicher Tips für Ihre Reise

AUSKUNFT VOR DER REISE

Das Staatliche Italienische Fremdenverkehrsbüro ENIT, das auf Wunsch auch übersichtliche Straßenkarten verschickt, ist in folgenden Städten vertreten:

Fremdenverkehrsbüro ENIT
40212 Düsseldorf, Berliner Allee 26, Tel. 0211/13 22 31
60329 Frankfurt/Main, Kaiserstr. 65, Tel. 069/23 74 30
80336 München, Goethestr. 20, Tel. 089/53 03 69
1010 Wien, Kärntnerring 4, Tel. 0222/50 54 37 40
8001 Zürich, Uraniastr. 32, Tel. 01/211 36 33

AUSKUNFT IN LIGURIEN

Zentrale Information für die gesamte Region gibt das Fremdenverkehrsamt in Genua:

Azienda Promozione Turistica
Via Roma 11/3, 161 21 Genova, Tel. 0039/10/54 15 41, Fax 58 14 08

Touristische Auskünfte erteilt auch das Tourist-Informationsbüro im Amt für Regionalverwaltung:

Azienda Promozione Turistica Regione Liguria
Via Fieschi 15, 161 21 Genova, Tel. 0039/10/548 51

APOTHEKEN (FARMACIA)

Die Öffnungszeiten der Apotheken sind in der Regel *Mo–Fr 9–12.30 und 15.30–19.15 Uhr, Sa nur vormittags. Sa nachmittags, nachts sowie an den Sonn- und Feiertagen gibt es in allen größeren Orten einen Bereitschaftsdienst.* Listen mit den jeweils dienstbereiten Apotheken hängen an jeder Apotheke aus.

AUTOFAHREN

Wer auf den Autobahnen nach Ligurien fährt, muß eine *Mautgebühr* entrichten. Um das Abgabensystem zu erleichtern, gibt man bei den italienischen Automobilklubs und bei vielen italienischen Banken eine »viacard« (zu 50 000 und 90 000 Lit) aus. Wer sie nicht besitzt, sollte dar-

PRAKTISCHE HINWEISE

auf achten, daß er Lire-Scheine in kleiner Stückelung bei sich führt, da an einigen Mautstellen zu bestimmten Tageszeiten nur Automaten in Betrieb sind. In großen Städten hat der italienische *Automobilclub ACI* Büros, die gern Auskunft geben. Ihre genaue Anschrift findet man auf Tafeln am Ortseingang. Der *Pannenhilfsdienst* ist telefonisch unter *116* zu erreichen. Im Vergleich zu anderen Ländern hat Italien ein paar besondere Verkehrsbestimmungen. So darf innerhalb geschlossener Ortschaften mit ausreichender Straßenbeleuchtung nur mit Standlicht gefahren werden. An schwarz-gelb markierten Kantsteinen ist Parken verboten. Und bei Überschreiten der 0,8-Promille-Grenze droht eine drastische Strafe: ein Monat Gefängnis, 500 000 Lit und Führerscheinentzug bis auf weiteres. Vorgeschrieben sind Führerschein und Fahrzeugschein sowie der Nationalitätenaufkleber; empfohlen wird die grüne Versicherungskarte. Autofahrer müssen sich angurten und Motorradfahrer einen Sturzhelm tragen. Trampen auf Autobahnen ist streng verboten. Die Höchstgeschwindigkeit in Ortschaften ist auf 50 km/h festgelegt, ansonsten 90 km/h; auf Autobahnen 130 km/h, auf Schnellstraßen *(superstrade)* 110 km/h. Noch ein Tip: Parken Sie Ihr Auto — auch wenn es nicht ganz billig ist — nur auf den bewachten Plätzen der Hotels oder in öffentlichen Garagen, da gerade Urlauberautos für organisierte Diebesbanden ein beliebtes

Einkaufsbummel in Alássio

Riviera: Am Abend werden die Liegestühle aufgeräumt

Objekt sind. Und noch eins: Achten Sie darauf, daß Ihr Führerschein Ihre aktuelle Adresse enthält. Im Zweifel verhängt die Polizei für falsche persönliche Angaben kräftige Geldstrafen, die nur unnötig belasten.

BAHN

Gerade im ligurischen Küstenstreifen ist Bahnfahren reizvoll und preiswert *(umgerechnet etwa 10 Pfennig pro Kilometer)*. Den Gesamtfahrplan *(orario generale)* erhält man an den meisten Zeitungskiosken. *Die Züge zwischen Ventimiglia und Genua sowie zwischen Genua und La Spezia fahren tgl. im Stundentakt.*

CAMPING

Es gibt an der Italienischen Riviera 180 Campingplätze, von denen rund 80 ganzjährig geöffnet sind. Erfahrene Camper halten die meisten allerdings für wenig reizvoll (Ausnahmen: die Plätze von *Lévanto, Framura* und *Monéglia*). Bei *Camogli* und *Portofino* sowie in den *Cinqueterre* ist das Campen unmöglich. Campingbusse dürfen auf den Parkplätzen im Landesinneren für eine Nacht stehenbleiben, wenn dies nicht ausdrücklich verboten ist. Auskünfte über die Campingplätze erteilen der *Deutsche Camping-Club e.V., 80802 München, Postfach 40 04 28, Mandlstr. 28, Tel. 089/380 14 20 und der ADAC e.V., 81373 München, Am Westpark 8, Tel. 089/76760*

DEVISEN

Noten und Münzen in Landes- oder Fremdwährung dürfen bei der Einreise jeweils bis zu einem Betrag von 20 Mio. Lit ohne Deklaration beim Grenzzollamt mitgeführt werden. Ausgeführt werden darf nur die deklarierte Menge. Was gut zu wissen ist für denjenigen, der bei einem Be-

PRAKTISCHE HINWEISE

such des Spielkasinos in San Remo sehr viel Glück gehabt hat.

FOTOGRAFIEREN

In den größeren Orten Liguriens gibt es international standardisiertes Filmmaterial. Aber: Es ist meist teurer als im Heimatland.

GELD

Der Umtausch von Geld ist bei Banken und Sparkassen zu empfehlen. Eurocheques werden bis zu einer Höhe von 300 000 Lit angenommen. Die Vorlage eines Reisepasses oder Personalausweises wird oft verlangt. Erstaunlicherweise genügt gerade in den kleineren Urlaubsorten die Angabe der Hoteladresse. Die meisten Geschäfte und Restaurants nehmen Kreditkarten, aber keine Eurocheques.

LANDKARTEN

Die besten Detailkarten für einzelne Regionen gibt es vom Touring Club Italiano (TCI), meist im Maßstab 1:200 000. Erhältlich sind sie in guten Buchhandlungen.

LEBENDE TIERE

Für Hunde und Katzen ist ein tierärztliches Gesundheits- und Tollwutimpfzeugnis erforderlich, das nicht mehr als acht Tage vor der Einreise ausgestellt sein darf. Die Impfung muß mindestens einen Monat, darf aber höchstens zwölf Monate (bei Katzen sechs Monate) zurückliegen. Für Hunde sind Leine und Maulkorb mitzuführen.

POLIZEI

Die Polizei in Italien ist sehr hilfsbereit, selbst wenn man nur die Adresse eines Restaurants oder eines Geschäftes sucht. Umständlicher wird es allerdings bei Überfall- und Diebstahlsanzeigen. Hilfreich ist das Ausfüllen einer in Schreibwarengeschäften erhältlichen *carta bolla*, des sogenannten Stempelpapiers. Es hilft auch daheim bei der Reiseversicherung. Neben dem Polizeinotruf *113* und dem Pannendienst *116* gibt es für Sprachunkundige auch die Möglichkeit, den *deutschsprachigen Notrufdienst in Rom anzurufen: Tel. 06/495 47 30.* Er hilft gern weiter bei komplizierten Vorgängen.

POST UND TELEFONIEREN

Die Postämter haben *Mo bis Sa von 8.15 bis 14 Uhr* (einige Hauptpostämter ganztägig) geöffnet. Briefmarken gibt es auch in den *tabacchi*, den mit einem weißen T auf schwarzem Untergrund gezeichneten Tabakläden. *Briefe und Postkarten* in EU-Länder und in die Schweiz brauchen Marken zu *750 Lit.* Die Telefongesellschaft heißt *Telecom* und hat mit der Post nichts zu tun. In Telefonzellen benutzt man Münzen und Telefonkarten *(zu 5000, 10 000 und 15 000 Lit)*, die man in Tabakläden und Postämtern kauft. *Aus Italien wählt man vor 0049 nach Deutschland, 0043 nach Österreich und 0041 in die Schweiz.* Hinzu kommen die Vorwahl der Stadt ohne 0 und die Teilnehmernummer. *Die Vorwahlnummern für Italien sind von Österreich aus 040 sowie von Deutschland und aus der Schweiz 0039.*

RETTUNGSDIENST

Der *Unfallrettungsdienst* ist nur über die Polizei *(Notruf 113)* zu erreichen. Wer einen Arzt braucht, wendet sich am besten an den Portier seines Hotels. Die medizinische Versorgung Liguriens entspricht der in ganz Mitteleuropa. Wer einer gesetzlichen Krankenversicherung angehört, sollte sich vor Reiseantritt von seiner Krankenkasse eine Anspruchsbescheinigung ausstellen lassen. Die freilich muß im Bedarfsfall der örtlichen Krankenkasse USL vorgelegt werden, die in jedem größeren Ort vertreten ist. Für Ängstliche, die auf Nummer Sicher gehen wollen, daß sie beim Arzt verstanden werden, gibt es beim *ADAC e.V. 81373 München, Am Westpark 8, Tel. 089/7676 0* eine Liste deutschsprachiger Ärzte in Ligurien.

STROM

In der Regel ist die Stromspannung 220 Volt (in sehr alten Hotels 110 Volt). Ablesen kann man die Spannung an den Glühbirnen. Oft passen nur flache Stekker in die Steckdosen, deshalb empfiehlt sich die Mitnahme eines Adapters, da man ihn nicht überall kaufen kann.

TABAKWAREN

Ausländische Zigaretten sind teurer als bei uns. Dafür sind die einheimischen Marken extrem preiswert. Man erhält sie in den mit einem weißen »T« auf blauem oder schwarzen Grund gekennzeichneten Tabacchis. Es gibt auch Caffès, die Zigaretten führen.

TANKEN

Nur bei den Tankstellen an den Autobahnen gibt es einen 24-Stunden-Service. Viele Zapfsäulen an wichtigen Knotenpunkten sind außerhalb der Kernarbeitszeiten *(Mittagspause: 12.30 bis 15.30 Uhr)* inzwischen mit Tankautomaten ausgestattet, für die Sie ein Paket 10 000-Lit-Scheine bei sich tragen sollten.

TAXI

In den kleineren Orten befindet sich der Taxi-Standplatz häufig in unmittelbarer Nähe der Hafenmole oder Strandpromenade. Versuchen Sie in jedem Fall vor Beginn der Fahrt nach dem ungefähren Fahrpreis zu fragen. *(Quanto costa il viaggio?)*. Oft kann man Ihnen schon im Hotel sagen, wie teuer Ihr Trip werden wird. Achten Sie darauf, daß der

Rapallizzazione

Dies Wort ist ein Schimpfwort, und zwar ein ziemlich verächtliches: *rapallizzazione* meint die Zersiedelung küstennaher Städte an der Italienischen Riviera und längst auch anderswo an Italiens Stränden. Es steht als Symbol für eine — wie man allerorten hört — »durch Spekulation vergewaltigte Meeresschönheit«. Begonnen habe diese — deshalb der Name — im geschichtsträchtigen, gleichwohl an etlichen Stellen noch reizvollen Rapallo.

PRAKTISCHE HINWEISE

Weinlese in Italien

Taxifahrer den Taxameter einschaltet. Gerade bei Touristen vergißt er es gern. Bleiben Sie dabei höflich, und fragen Sie ihn, ob sein Taxameter nicht richtig gehe: *Mi sembra che il suo tassàmetro non vada bene.* Wenn Sie die paar Brocken Italienisch benutzen, wird er es nicht wagen, Umwege zu fahren. Der Grundpreis, der automatisch auf dem Taxameter steht, beträgt 5000 Lit. Sie können mit dem Fahrer auch einen Gesamtpreis aushandeln, wenn Sie sich morgens in eine Badebucht bringen und nachmittags wieder abholen lassen.

TELEFONBUCH FÜR TOURISTEN

Ein speziell auf die Bedürfnisse der Touristen an der Italienischen Riviera ausgerichtetes Telefonbuch veröffentlicht die SEAT-Firmengruppe. Es heißt *Liguria pagine gialle turismo.* Die touristischen gelben Seiten gibt es in jedem Jahr neu. Sie liegen in Hotels, Motels, Fremdenverkehrsämtern, Reisebüros und auf Campingplätzen aus und beinhalten ein Branchenverzeichnis nach Berufsgruppen von Campingplatz bis Schönheitspflege, das innerhalb der einzelnen Sachgruppen sehr übersichtlich alphabetisch nach den größeren Urlaubsorten Liguriens gegliedert ist. Außerdem gibt es touristische Informationen und eine Übersichtskarte. Wer sich schon vor Reisebeginn informieren möchte, wendet sich an: *SEAT Divisione STET s.p.a., d'ordine: pagine gialle turismo, Via Aurelio Saffi 18, I-10138 Torino*

TRINKGELD

In Hotels ist Trinkgeld *(zwischen 2000 und 10000 Lit)* nur üblich für Zimmermädchen. In den Restaurants wird ein Bedienungszuschlag von 10 bis 15% erhoben; zusätzlich sind 5% Trinkgeld üblich. Aber keiner der oft sehr freundlichen Ober ist traurig, wenn es 10% werden. Die meisten haben es verdient. Trinkgelder für Taxifahrer bewegen sich im Bereich der Aufrundung des Tarifentgelts auf volle *1000 Lit.* Mehr haben sie auch meistens nicht verdient, weil viele von ihnen sehr unhöflich sind und beispielsweise Damen (auch mit Gepäck) allein aussteigen lassen.

ZEIT

Es besteht keine Zeitverschiebung gegenüber Deutschland. Zwischen März und Oktober gilt ebenfalls die Sommerzeit.

ZEITUNGEN

Trotz der Nähe zu Mailand und Oberitalien sind die deutschsprachigen Tageszeitungen vom selben Tage oft erst gegen 16 oder

17 Uhr zu bekommen. Illustrierte brauchen sogar drei oder vier Tage. Schneller (weil offenbar wichtiger) sind die englischen Medienerzeugnisse in Ligurien.

ZOLL

Im Rahmen des europäischen Binnenmarktes gelten neue Aus- und Einfuhrbestimmungen für deutsche Reisende. Bei Genußmitteln werden folgende Mengen pro Person (älter als 17 Jahre) akzeptiert: 800 Zigaretten oder 400 Zigarillos oder 200 Zigarren oder 1000 g Tabak; 10 l Spirituosen oder 20 l Likör oder 90 l Wein, davon höchstens 60 l Schaumwein. Schweizer dürfen nur 200 Zigaretten oder 50 Zigarren, 1 l Spirituosen über 22 Prozent und 2 l unter 22 Prozent ausführen.

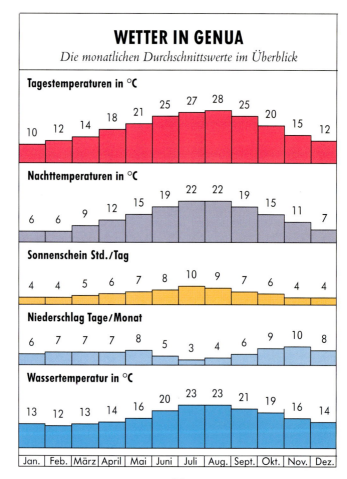

WETTER IN GENUA
Die monatlichen Durchschnittswerte im Überblick

	Jan.	Feb.	März	April	Mai	Juni	Juli	Aug.	Sept.	Okt.	Nov.	Dez.
Tagestemperaturen in °C	10	12	14	18	21	25	27	28	25	20	15	12
Nachttemperaturen in °C	6	6	9	12	15	19	22	22	19	15	11	7
Sonnenschein Std./Tag	4	4	5	6	7	8	10	9	7	6	4	4
Niederschlag Tage/Monat	6	7	7	7	8	5	3	4	6	9	10	8
Wassertemperatur in °C	13	12	13	14	16	20	23	23	21	19	16	14

WARNUNG

Bloß nicht!

Im Italienischen heißt das: »ma no!« Wir warnen damit vor Dingen, die Ihnen als Tourist vermutlich keinen Spaß machen werden oder mit denen Sie anecken können

Anbetteln lassen

Gerade in den größeren Städten, vor allem auch in Genua, treten oft Gruppen junger Kinder auf, die eine Touristengruppe gezielt anbetteln. Wenn Sie sich auf ein Gespräch einlassen oder gar einen 1000-Lit-Schein aus der Tasche ziehen, weil die abgerissenen Kinder mit ihren großen Kulleraugen Ihr Mitleid erregen, dann haben Sie schon verloren. Denn das bettelnde Kind ist oft genug nur die Ablenkung für die eigentliche Straftat: Ihr Auto wird ausgeräumt, während Sie sich aus dem Fenster lehnen, oder die Handtasche Ihrer Frau wird entwendet. Das geht nicht, meinen Sie, weil sie die Tasche am festen Gurt um den Hals trägt? Die kleinen Räuber sind pfiffiger, als Sie denken. Sie tragen ein *coltello*, ein oft winziges, äußerst scharfes Messer bei sich, das jeden Gurt in Sekundenschnelle durchtrennt.

Barfuß in den Wald gehen

Im Hinterland Liguriens laden wunderbare Wälder mit Laubgehölz zum Spazierengehen ein. Doch Vorsicht ist geboten. Nutzen Sie nur die ausgewiesenen Wanderwege. Und wenn es Sie doch einmal — wegen einer hoffentlich nicht geschützten Blüte — ins Unterholz oder aufs Feld treibt, achten Sie darauf, daß sie festes und möglichst knöchelhohes Schuhwerk tragen. Denn es gibt vereinzelt giftiges Getier. Barfuß sollten Sie übrigens auch in der Nähe kantiger Felsen nicht ins Meer gehen. Denn neben den Steinen können auch Seeigel schmerzhafte Wunden verursachen.

Den Helden spielen

Die Autobahnen A 10 von Ventimiglia nach Genua und A 12 von Genua nach La Spezia sind ein Horror. Kurven, kilometerlange Tunnels, schwindelerregende Brücken und Viadukte lösen einander in so raschem Wechsel ab, daß wirklich nur erfahrene Autofahrer ihren Spaß haben — zumal sich die italienischen Lastwagenfahrer an den Werktagen ausgerechnet hier Wettrennen liefern. Fahren Sie also, wenn Sie Ihren Fahrkünsten nicht so trauen, lieber die alte Via Aurelia an der Küste. Die führt zwar auch hin und wieder in Serpentinen Felsen hinauf und hinunter. Aber es geht sehr viel gemächlicher zu, weil sich nahezu Ortschaft an Ortschaft reiht und kein Verkehrsteilnehmer schneller als 50 km/h fahren darf. Und: Sie sehen viel mehr von Ligurien.

Die Polizei mißachten

Gerade wenn Sie mit einem nichtitalienischen Autofabrikat unterwegs sind, kann es vorkommen, daß Polizeistreifen, die meist an den Kreuzungen der Ausfallstraßen stehen, Sie ohne Grund anhalten. Es wäre töricht, die nur lässig mit der Hand (ganz selten mit der Kelle) gegebenen Zeichen des Beamten zu mißachten. Weil gerade Autos oft gestohlen werden, will der Verkehrspolizist nur die Papiere sehen. Dann läßt er Sie mit einem freundlichen Gruß weiterfahren.

Gottesdienste stören

Eigentlich ist es auch bei uns selbstverständlich, daß ein Kulturreisender sich in Kirchen so benimmt, daß die mögliche Andacht nicht gestört wird. In Italien zählt der Kirchgang sogar noch mehr als anderswo. Also: Verzichten Sie während der Gottesdienste auf das Fotografieren in der Kirche. Und gehen Sie nicht in Bikini und Badehose in das Gotteshaus. Es könnte sein, daß ein besonders pietätvoller Ligurer die Polizei holt und Sie eine kostenpflichtige Verwarnung wegen Erregung öffentlichen Ärgernisses bekommen.

Mietwagen bemängeln

Unabhängig von der Mietwagen-Gesellschaft, die Sie bevorzugen, gilt, daß nicht selten das bereitstehende Auto innen nur oberflächlich bis gar nicht gereinigt ist (es kommt sogar vor, daß der Aschenbecher überquillt). Eine Beschwerde bringt meist nicht viel, denn ein anderes Auto steht in den seltensten Fällen zur Verfügung. Also nehmen Sie es, solange der Tank voll ist und der Motor rund läuft, mit Gelassenheit. Den Aschenbecher können Sie schließlich am nächsten Papierkorb auch selbst leeren.

Wertsachen im Wagen lassen

Leider ist Italien – und Ligurien macht da keine Ausnahme – immer noch ein Land, in dem es gerade zur Sommerreisezeit viele Langfinger gibt. Lassen Sie also Wertsachen wie Fotoapparate, Videokameras, Brieftaschen oder Schmuck niemals im Auto – auch nicht im verschlossenen Kofferraum, denn auch Ihr Auto selbst könnte eine Verlockung für Diebe sein. Das Auto gemeinsam mit den Papieren zu verlieren ist allemal schlimmer als nur das Auto.

Wirte belehren

Lassen Sie sich in einem guten Gasthaus doch einmal verführen, auf die Speisekarte zu verzichten. Der Wirt schwärmt Ihnen von seinen Tagesgerichten vor, und wenn er dazu seinen offenen Hauswein empfiehlt, sollten Sie es nicht besser wissen wollen. Das haben ligurische Wirte nicht so gern. Sie brauchen auch keine Angst zu haben: Die Hausweine sind gut bis sehr gut. Eines sollten Sie nur tun: den Wirt höflich nach dem Preis für Ihr Mahl fragen, damit es später beim Bezahlen keine unangenehmen Überraschungen gibt.

REGISTER

In diesem Register sind die in diesem Führer erwähnten Orte und Hotels verzeichnet. Die Bildseiten sind kursiv gesetzt, Haupteintrag der Orte in Fett.

Orte

Alássio 36, **36–40**, 87
Albenga 29, **39**
Albisola Marina 27, **52**
Altare 20
Andora 46
Baiardo 33
Balzi Rossi 19, **55**
Bordighera 40–43
Borgomaro 47
Brugnato 10, 65
Bussana Vecchia 27, **50**
Camogli 29, *32*, 33, **58 ff.**
Cavi 61 f.
Celle Ligure 53
Cervo 46 f.
Chiávari 18, 20, 27, **60 ff.**
Cinqueterre 12, *56*, **62–65**
Cogoleto 53
Cogorno 62
Coldirodi 41
Colle Melosa 10
Corniglia 12, *63*
Diano Marina 6, **47**
Dolceacqua 50
Dolcedo 29, **47**
Finale Ligure *42*, **43 ff.**
Gallinara 10
Garessio 33
Genua 5, 12, 15, 21, 29, 33, **73–85**
Giardino Botanico Hanbury 12, 17, **55**
Imperia 21, *45*, **45 ff.**
Laiguéglia 39 f.
La Mortola 12, 17
La Spezia 65–69
Lavagna 62
Léivi 62
Lérici 67
Lévanto 65
Loano 44
Lucinasco 47
Luni 20, **68**
Madonna delle Grazie 62
Manarola 7, 12, 62
Mànie 53
Molini di Triora 50
Monterosso 12, 62, 64
Nervi 18, **85**
Noli 33, **53**
Ospedaletti 41
Palmaria 10
Pedemonte 33
Pietrabruna 21
Pietra Ligure 44
Pigna 10
Ponte di Loreto 50
Pontrémoli 68
Portofino 6, 10, 20, 27, **70 f.**, *71*
Portovenere **68 f.**, *68*
Principato di Seborga 42
Rapallo 27, 33, **71**
Recco 59 f.
Riomaggiore 12, 62
Rocchetta Nervina 51
San Fruttuoso 71
San Remo 33, *35*, *47*, **48 ff.**
San Salvatore dei Fieschi 62
Santa Margherita Ligure 10, 27, **69 ff.**
Sarzana 27, 33, **69**
Savona 27, 32, 33, **51 ff.**
Taggia 33
Toirano 19, **44**
Torriglia 10, **60**
Uscio 60
Val Ponci 44
Varazze 53
Varigotti 45
Ventimiglia 6, **53 ff.**
Vernazza 12, 62
Zoagli 27, **62**

Hotels

Alexander, Genua 84
Bristol, Genua 84
Camping San Remo 50
Casmona, Camogli 59
Cenobio dei Dogi, Camogli 59
Diana, La Spezia 67
Eden, Alássio 38
Europa e Concordia, Alássio 38
Grand Hotel del Mare, Bordighera 41
Helvetia, Genua 84
Imperial Palace, Santa Margherita Ligure 70
Jolly, La Spezia 67
Jolly Hotel Plaza, Genua 84
La Riserva, Ventimiglia 54
Marina Piccola, Manarola 64
Minerva, Santa Margherita Ligure 70
Moderno, Chiávari 61
Nike, San Remo 49
Punta Est, Finale Ligure 44
Regina Elena, Santa Margherita Ligure 70
Roma, Ventimiglia 55
Royal, San Remo 49
Savoia Majestic, Genua 84
Spiaggia, Alássio 38
Villa Elisa, Bordighera 41
Villaggio Turistico, Bordighera 41
Villa Mayfalda, San Remo 50

Was bekomme ich für mein Geld?

 Genug, wenn man sich ein bißchen umschaut! Wer nicht gleich in die erstbeste Touristenfalle hineintappt, kann gerade in den Trattorien mit *cucina casalinga*, der Küche nach Hausfrauenart, preiswert essen, inklusive ordentlichem Hauswein. Das kostet nicht mehr als 25 000 Lit, was knapp 25 Mark sind.

Die italienische Währungseinheit ist die Lira (abgekürzt für den Eurocheque: Lit). Am günstigsten tauscht man bei den Banken (Geschäftszeiten etwa von 8.30 bis 13.30 und von 14.45 bis 15.45 Uhr) Geld um, da Hotels und Wechselstuben bis zu zehn Prozent Provision vom Umtauschwert nehmen. Für die Umrechnung von Lire in Mark gibt es einen praktischen Trick: Sie streichen von der Lire-Summe drei Nullen weg und ziehen dann noch zehn Prozent ab. Damit Sie wissen, wie schnell man Ihnen die Lire aus der Tasche zieht, noch ein paar Beispiele: Der Espresso kostet 1400 Lit, der Cappuccino 2000 Lit, das Glas Wein ab 1500 Lit und das *coperto*, also das Gedeck mit Brot, je nach Restaurantniveau von 2500 bis 10 000 Lit. Ins Kino kommt man für 10 000 Lit – fahren Sie mit dem Taxi dahin, dann ist der Grundpreis auf dem Taxameter zirka 5000 Lit. –, ins Museum für 2000 bis 12 000 Lit, ins Theater für 15 000 bis 60 000 Lit., wo die Opernpreise in Genua eigentlich erst beginnen.

DM	Lit	Lit	DM
1	1.100	100	0,09
2	2.200	500	0,45
3	3.300	1.000	0,90
4	4.400	1.500	1,35
5	5.500	5.000	4,50
10	11.000	80.000	75,--
20	18.080	10.000	11,10
25	22.600	20.000	22,20
30	27.120	25.000	27,75
40	36.160	30.000	33,30
50	45.200	40.000	44,40
75	67.800	50.000	55,50
100	110.000	150.000	135,--
200	180.800	70.000	77,70
250	226.000	80.000	88,80
300	330.000	90.000	99,90
500	452.000	100.000	111,--
750	678,000	300.000	270,--
1.000	904,000	1.000.000	1.110,--
2.000	1.808.000	2.000.000	2.220,--

Damit macht Ihre nächste Reise mehr Freude:

Die neuen Marco Polo Sprachführer. Für viele Sprachen.

Sprechen und Verstehen ganz einfach. Mit Insider-Tips.

Das und vieles mehr finden Sie in den Marco Polo Sprachführern:
- Redewendungen für jede Situation
- Ausführliches Menü-Kapitel
- Bloß nicht!
- Reisen mit Kindern
- Die 1333 wichtigsten Wörter

SPRACHFÜHRER ITALIENISCH

Sprechen und Verstehen ganz einfach

Zur Erleichterung der Aussprache:

c, cc	vor »e, i« wie deutsches »tsch« in deutsch, Bsp.: die**c**i
ch, cch	wie deutsches »k«, Bsp.: pa**cch**i, **ch**e
ci, cci	vor »a, o, u« wie deutsches »tsch«, Bsp.: **ci**ao, **ci**occolata
g, gg	vor »e, i« wie deutsches »dsch« in Dschungel, Bsp.: **g**ente
gi, ggi	immer wie deutsches »dsch« in Dschungel, Bsp.: man**gi**are
gl	ungefähr wie in »Familie«, Bsp.: fi**gl**io
gn	wie in »Kognak«, Bsp.: ba**gn**o
sc	vor »e, i« wie deutsches »sch«, Bsp.: u**sc**ita
sch	wie in »Skala«, Bsp.: I**sch**ia
sci	vor »a, o, u« wie deutsches »sch«, Bsp.: la**sci**are

AUF EINEN BLICK

Ja./Nein.	Sì./No.
Vielleicht.	Forse.
Bitte./Danke.	Per favore./Grazie.
Vielen Dank!	Tante grazie.
Gern geschehen.	Non c'è di che!
Entschuldigung!	Scusi!
Wie bitte?	Come dice?
Ich verstehe Sie/dich nicht.	Non La capisco.
Ich spreche nur wenig …	Parlo solo un po' di …
Können Sie mir bitte helfen?	Mi può aiutare, per favore?
Ich möchte …	Vorrei …
Das gefällt mir (nicht).	(Non) mi piace.
Haben Sie …?	Ha …?
Wieviel kostet es?	Quanto costa?
Wieviel Uhr ist es?	Che ore sono?

KENNENLERNEN

Guten Morgen!/Tag!	Buon giorno!
Guten Abend!	Buona sera!
Hallo!/Grüß dich!	Ciao!
Mein Name ist …	Mi chiamo …
Wie ist Ihr Name, bitte?	Come si chiama?
Wie geht es Ihnen/dir?	Come sta?/Come stai?
Danke. Und Ihnen/dir?	Bene, grazie. E Lei/tu?
Auf Wiedersehen!	Arrivederci!
Tschüß!	Ciao!
Bis bald!	A presto!
Bis morgen!	A domani!

UNTERWEGS

Auskunft

links/rechts	a sinistra/a destra
geradeaus	diritto
nah/weit	vicino/lontano
Wie weit ist das?	Quanti chilometri sono?
Ich möchte … mieten.	Vorrei noleggiare …
… ein Auto	… una macchina.
… ein Fahrrad	… una bicicletta.
… ein Boot	… una barca.
Bitte, wo ist …?	Scusi, dov'è …?
Hauptbahnhof	stazione centrale
U-Bahn	metropolitana
Flughafen	aeroporto
Zum … Hotel.	All'albergo …

Panne

Ich habe eine Panne.	Ho un guasto.
Würden Sie mir einen Abschleppwagen schicken?	Mi potrebbe mandare un carro-attrezzi?
Wo ist hier in der Nähe eine Werkstatt?	Scusi, c'è un'officina qui vicino?
Würden Sie mir mit Benzin aushelfen?	Mi potrebbe dare un po' di benzina, per favore?

Tankstelle

Wo ist bitte die nächste Tankstelle?	Dov'è la prossima stazione di servizio, per favore?
Ich möchte … Liter …	Vorrei … litri di …
… Normalbenzin.	… benzina normale.
… Super./… Diesel.	… super./… gasolio.
… bleifrei/… verbleit.	… senza piombo (verde)/ … con piombo.
…mit … Oktan.	… a … ottani.
Volltanken, bitte.	Il pieno, per favore.

Unfall

Hilfe!	Aiuto!
Achtung!/Vorsicht!	Attenzione!
Rufen Sie bitte schnell …	Chiami subito …
… einen Krankenwagen.	… un'autoambulanza.
… die Polizei.	… la polizia.
… die Feuerwehr.	… i vigili del fuoco.
Haben Sie Verbandszeug?	Ha materiale di pronto soccorso?
Es war meine Schuld.	È stata colpa mia.
Es war Ihre Schuld.	È stata colpa Sua.
Geben Sie mir bitte Ihren Namen und Ihre Anschrift.	Mi dia il Suo nome e indirizzo.

SPRACHFÜHRER ITALIENISCH

ESSEN/UNTERHALTUNG

Wo gibt es hier …	Scusi, mi potrebbe indicare …
… ein gutes Restaurant?	… un buon ristorante?
… ein typisches Restaurant?	… un locale tipico?
Gibt es hier eine gemütliche Kneipe?	C'è una trattoria accogliente da queste parti?
Reservieren Sie uns bitte für heute abend einen Tisch für 4 Personen.	Può riservarci per stasera un tavolo per quattro persone?
Auf Ihr Wohl!	Alla Sua salute!
Bezahlen, bitte.	Il conto, per favore.
Hat es geschmeckt?	Era di Suo gradimento?
Das Essen war ausgezeichnet.	Il mangiare era eccellente.
Haben Sie einen Veranstaltungskalender?	Ha un programma delle manifestazioni?

EINKAUFEN

Wo finde ich …?	Dove si può trovare …?
Apotheke	farmacia
Bäckerei	panificio
Fotoartikel	gli articoli fotografici
Kaufhaus	il grande magazzino
Lebensmittelgeschäft	negozio di generi alimentari
Markt	mercato
Supermarkt	supermercato
Zeitungshändler	giornalaio

ÜBERNACHTUNG

Können Sie mir bitte … empfehlen?	Scusi, potrebbe consigliarmi …
… ein Hotel	… un albergo?
… eine Pension	… una pensione?
Ich habe bei Ihnen ein Zimmer reserviert.	Ho prenotato una camera.
Haben Sie noch …?	Ha libere …?
… ein Einzelzimmer	… una singola
… ein Zweibettzimmer	… una doppia
… mit Dusche/Bad	… con doccia/bagno
… für eine Nacht	… per una notte
… für eine Woche	… per una settimana
… mit Blick aufs Meer	… con vista sul mare
Was kostet das Zimmer mit …	Quanto costa la camera con …
… Frühstück?	… la prima colazione?
… Halbpension?	… a mezza pensione?

PRAKTISCHE INFORMATIONEN

Arzt

Können Sie mir einen guten Arzt empfehlen?	Mi può consigliare un buon medico?
Ich habe Durchfall	Soffro di diarrea.
Ich habe …	Ho …
… Fieber.	… la febbre.
… Kopfschmerzen.	… mal di testa.
… Zahnschmerzen.	… mal di denti.

Bank

Wo ist bitte …	Scusi, dove posso trovare …
… eine Bank?	… una banca?
… eine Wechselstube?	… un'agenzia di cambio?
Ich möchte … DM (Schilling, Schweizer Franken) in Lire wechseln.	Vorrei cambiare questi marchi (scellini, franchi svizzeri) in Lire.

Post

Was kostet …	Quanto costa …
… ein Brief …	… una lettera …
… eine Postkarte …	… una cartolina illustrata …
… nach Deutschland?	… per la Germania?

Zahlen

0	zero	19	diciannove
1	uno	20	venti
2	due	21	ventuno
3	tre	30	trenta
4	quattro	40	quaranta
5	cinque	50	cinquanta
6	sei	60	sessanta
7	sette	70	settanta
8	otto	80	ottanta
9	nove	90	novanta
10	dieci	100	cento
11	undici	101	centouno
12	dodici	200	duecento
13	tredici	1000	mille
14	quattordici	2000	duemila
15	quindici	10000	diecimila
16	sedici		
17	diciassette	1/2	un mezzo
18	diciotto	1/4	un quarto

SPRACHFÜHRER ITALIENISCH

Carte
Speisekarte

PRIMA COLAZIONE — FRÜHSTÜCK

caffè, espresso	kleiner, starker Kaffee ohne Milch
caffè macchiato	kleiner, starker Kaffee mit Milch
caffè senza latte	schwarzer Kaffee
caffellatte	Kaffee mit Milch
caffè decaffeinizzato	koffeinfreier Kaffee
tè al latte/al Limone	Tee mit Milch/Zitrone
tè alla menta/alla frutta	Pfefferminz-/Früchtetee
tisana	Kräutertee
cioccolata	Schokolade
spremuta	Fruchtsaft
frittata	Omelett/Pfannkuchen
uovo à al coque	weiches Ei
uova la tegame	Spiegeleier
uova sode	harte Eier
uova strapazzate	Rühreier
pane/panini/pane tostato	Brot/Brötchen/Toast
cornetto	Hörnchen
burro	Butter
formaggio	Käse
salume	Wurst
prosciutto	Schinken
miele	Honig
marmellata	Marmelade
pappa di fiocchi d'avena e frutta	Müsli
iogurt	Joghurt
della frutta	etwas Obst

ANTIPASTI/MINESTRE — VORSPEISEN/SUPPEN

acciughe	Sardellen
affettato misto	gemischter Aufschnitt
anguilla affumicata	Räucheraal
carciofini sott'olio	Artischockenherzen in Öl
funghi sott'olio	Pilze in Öl
melone e prosciutto	Melone mit Schinken
minestrone	dicke Gemüsesuppe
pastina in brodo	Fleischbrühe mit feinen Nudeln
zuppa di pesce	Fischsuppe
zuppa pavese	Fleischbrühe mit Toast und Ei

PRIMI PIATTI — NUDEL- UND REISGERICHTE

spaghetti	Spaghetti
… al burro/in bianco	… mit Butter
… alla napoletana/al pomodore	… mit Tomatensoße (ohne Fleisch)
… alla bolognese/al ragù	… mit Tomatensoße (mit Fleisch)
… alle vongole	… mit kleinen Muscheln
… alla carbonara	… mit Ei und Speck
… alla panna	… mit Sahne
… aglio olio	… mit Knoblauch und Öl
… alla puttanesca	… mit Tomatensoße, Oliven und sehr scharfen Gewürzen
fettucine/tagliatelle	Bandnudeln
gnocchi alla romana	Grießschnitten mit Käse überbacken
polenta (alla valdostana)	Maisbrei (mit Schmelzkäse)
agnolotti/ravioli/tortellini	gefüllte Teigtaschen
vermicelli	Fadennudeln
risotto alla milanese	Reisgericht mit Safran

CARNI E PESCE — FLEISCH UND FISCH

agnello	Lamm
anitra	Ente
aragosta	Languste
coniglio	Kaninchen
cozze/vongole	Muscheln
fegato	Leber
fritto di pesce	gebackene Fischchen
gambero, granchio	Krebs, Krabbe
maiale	Schweinefleisch
manzo/bue	Rindfleisch
ossobuco	Kalbshaxenscheibe mit Soße
passera di mare	Scholle
pesce spada	Schwertfisch
pollo	Huhn
rana pescatrice	Seeteufel
rognoni	Nieren
salmone	Lachs
saltimbocca alla romana	kleine Kalbsschnitzel mit Schinken und Salbei
scampi fritti	gebackene kleine (See-)Krebse
sogliola	Seezunge
spezzatino	Gulasch mit Tomaten
tonno	Thunfisch
trota	Forelle
vitello	Kalbfleisch